T0098781

dire le temps

© encre marine 1994   1° édition
© encre marine 2002   2° édition revue et corrigée
Fougères 42220 La Versanne
ISBN 2-909422-61-5

françoise dastur

dire le temps

esquisse d'une chrono-logie
phénoménologique

encre marine

A la mémoire d'Alexandre, d'Anna et de Fernand

En guise d'exergue, qu'il me soit permis de citer cette phrase, qui vaut aussi pour l'art d'écrire, de l'auteur de *De l'habitude,* ouvrage dans lequel j'ai toujours vu le modèle même de la thèse :

"Le secret de l'art de dessiner est de découvrir dans chaque objet la manière particulière dont se dirige à travers toute son étendue, telle une vague centrale qui se déploie en vagues superficielles, une certaine ligne flexueuse qui est comme son axe générateur."

Félix Ravaisson,
Article "Dessin" du *Dictionnaire de Pédagogie*,
Ferdinand Buisson, 1882

et ce propos de Heidegger rapporté par Roger Munier (dans *Stèle pour Heidegger,* Arfuyen, Paris, 1992, p. 17) :

"Comme je demande alors à Heidegger quelle langue sera jamais capable d'exprimer ce Denken *extatique :*
– Une langue très simple, me répond-il. Eine ganz einfache Sprache, *dont la rigueur consistera moins dans le verbiage* (Gerede) *d'une apparente technicité que dans la nudité absolue de l'expression. Et Heidegger ajoute avec un sourire :*
– A l'avenir, les livres de philosophie ne seront plus de très gros livres..."

"*Wir kommen nie zu Gedanken. Sie kommen zu uns*". "Nous ne venons jamais à des pensées. Elles viennent à nous." écrit Heidegger dans l'une des pages témoignant de l'expérience de la pensée qu'il a réunies sous le titre indicatif *Aus der Erfahrung des Denkens*.

C'est en effet de la **venue** dans sa pure nudité, non pas venue de quelque chose ou de quelqu'un, de la venue **elle-même** et de son **événement inapparent** dont il sera question ici.

Que ce qui vient dans le venir, ce soit toujours l'**éclaircie** d'une pensée qui puisse aménager, pour des êtres capables de la mort, l'espace d'une **clairière** où habiter, c'est ce qui n'a pas attendu la naissance de la philosophie pour se **dire** dans le mythe ou dans le poème.

Car la pensée, Heidegger le rappelle au début de la *Lettre sur l'humanisme,* est, au double sens du génitif, pensée de ce *verbum infinitivum* qu'est, dans la grammaire de nos langues, le mot "être". C'est dire qu'elle est le don qui en provient **en même temps** que sa prise en garde et la réponse qui lui revient.

Mais comment penser l'**événement** même de la pensée, cette **simultanéité** par laquelle deux mouvements de sens inverse ne font plus qu'un ? Comment dire l'**éclair** qui unit et disjoint à la fois le monde et la pensée ?

Que la synthèse soit toujours aussi diérèse, que le rassemblement soit en même temps séparation, c'est pourtant ce qui se dit de manière inapparente dans la double articulation, phonétique et sémantique, de tout **dire**.

Car cette fulguration est **l'événement même du langage**, ce qui ne signifie nullement que l'homme soit anachroniquement la mesure de toute chose, mais au contraire qu'il n'y a pas d'origine assignable à ce dialogue qu'immé-morialement **nous** sommes.

Ψυχῆς ἐστι λόγος ἑαυτὸν αὔξων[1] : c'est le propre du souffle que d'être un λόγος qui s'accroît de lui-même, dit Héraclite, et il ajoute autre part que c'est la profondeur de ce λόγος, qui se confond pour lui avec la vastité du monde, qui rend introuvables les limites du souffle[2]. Aristote comprend lui aussi la ψυχή comme une ἐπίδοσις εἰς αὑτὸ[3], un accroissement en elle-même, octroyant ainsi à ce qu'il nomme ailleurs φωνὴ σεμαντική[4] une transcendance interne qui l'arrache dès l'origine à l'immanence de la présence à soi. C'est en effet ce qui fonde l'his-toricité intrinsèque de la parole, qu'elle soit, comme l'histoire, non pas la monotone itéra-tion de l'identique, mais, selon un processus de conservation qui est en même temps dépasse-ment, le savoir et le résultat d'elle-même.

Cette dialectique interne de la parole, qui parle toujours à la fois d'autre chose en même temps que d'elle-même, et qui renvoie à l'inter-subjectivité structurelle du discours, c'est celle d'une **spontanéité originaire** qui ne prend tout son sens que lorsqu'elle est pensée sur fond de mortalité. Car elle est et elle n'est pas la nôtre, elle nous précède tout en n'advenant qu'en nous-mêmes, dans une différence qui est aussi homologie. Et surtout elle ne "produit" que ce "*nihil originarium*"[5] qu'est le monde, elle ne crée donc, selon ce διάκοσμος ἐοικότα[6] que Parménide voyait déjà advenir dans la nomination, que ce joyau du Rien, dont la mort est l'écrin.

1 - Héraclite, Fragment 115 dans la numérotation de Diels-Kranz. Il faut rappeler que le mot ψυχή, qui se rattache au verbe ψύχω (souffler, respirer), a originellement le sens de souffle, d'haleine, et par suite celui de souffle de vie et d'âme.

2 - Héraclite, Fragment 45. Je cite ici la traduction de Marcel Conche dans *Héraclite, Fragments*, P.U.F., Epiméthée, 1986, p. 357 : "Tu ne trouverais pas les limites de l'âme, même parcourant toutes les routes, tant elle tient un discours profond". Je lui emprunte le "mot vieilli" de "vastité" qu'il évoque dans son commentaire (*ibid.*, p. 359) à propos du terme βαθύς (profond).

3 - Aristote, *De l'âme*, 417 b 5. Ce passage est toujours à nouveau cité par Droysen pour indiquer que, par contraste avec le cours uniformément répétitif de la nature, l'histoire est au contraire caractérisée par une continuité d'accroissement. Cf. H.-G. Gadamer, *Wahrheit und Methode*, Mohr, Tübingen, 1960, p. 197.

4 - Aristote, *De l'interprétation*, 16 a 15.

5 - Cf. Heidegger, *Metaphysische Anfangsgründe der Logik im Ausgang von Leibniz*, Gesamtausgabe, Band 26, Klostermann, Frankfurt am Main, 1978 (Cours du semestre d'été 1928), § 12, p. 272, où le monde est nommé *nihil originarium* parce qu'il n'est rien d'étant, sans pourtant être un *nihil negativum,* un néant absolu, mais ce rien qui se temporalise originairement.

6 - Cf. Parménide, *Poème*, VIII, 60 : "le déploiement de ce qui paraît" selon la traduction de Jean Beaufret dans *Le poème de Parménide*, P.U.F., Epiméthée, 1955, p. 89.

L'idée d'une chrono-logie
phénoménologique

*"Das Urtheilen ist unser ältester Glaube, unser gewohntestes für-Wahr-oder für-Unwahrhalten [...] Wenn ich sage 'Der Blitz leuchtet', so habe ich das Leuchten einmal als Thätigkeit gesetzt und das andere Mal als Subjekt gesetzt : also zum Geschehen ein Sein supponiert, welches mit dem Geschehen nicht eins ist, vielmehr **bleibt**, **ist** und nicht 'wird'."* [1]*

Nietzsche

PEUT-ON DIRE le temps ? Cette question peut tout d'abord sembler sans objet, si l'on considère que toute langue, et *a fortiori* les langues de la famille indo-européenne dont la morphologie repose sur la distinction du nom et du verbe et qui sont caractérisées par le développement des formes verbales, se donne non pas comme une simple pratique "sémiotique" qui établirait l'inventaire des "objets" prédonnés, mais comme une "activité" d'articulation de la présence au monde d'un "sujet" qui n'en est qu' "imaginairement" séparable[2].

Pourtant la question de la temporalité du discours n'a pas cessé de hanter secrètement toute la tradition philosophique occidentale, dont on peut dire qu'elle est née de la réflexion des penseurs grecs sur leur idiome. Sans nous engager ici dans un inventaire des étapes qui ont conduit à cette ontologie "nominaliste" qu'est la théorie platonicienne des idées, il faudrait cependant évoquer brièvement la part de la prise de conscience "grammaticale"[3] dans l'élaboration de ce mode de pensée qui s'est nommé en Grèce "philosophie". Bruno Snell, dans son recueil d'"Etudes consacrées à la naissance de la pensée européenne" qui est intitulé *Die Entdeckung des Geistes* ("La découverte de l'esprit"), note le caractère décisif de la transformation du déictique en article défini pour la formation de la pensée philosophique et souligne la difficulté que rencontre Cicéron à traduire l'idée platonicienne dans une langue qui ne le connaît pas[4]. Mais il faudrait également évoquer l'accent mis, dans la genèse de la pensée philosophique, de la singularité de l'ἐόν parménidien à la μέτεξις platonicienne, sur le mode, à la fois nominal et verbal, qu'est le participe[5]. Car cette "catégorie" grammaticale, qui atteint dans la langue grecque au point le plus haut de son développement, est à l'origine de la dualité de sens, à la fois existentiel et catégorial, du concept d'être et c'est cette combinaison de l'être-essentiel et de l'être-accidentel qui se trouve comme hypostasiée dans le τὸ ὄν qui constitue l'objet de la πρώτη φιλοσοφία aristotélicienne, et c'est elle qui sera à l'origine de la double problématique, "ontologique" et théologique, qui constitue la réponse aristotélicienne à la question τὶ τὸ ὄν et la structure fondamentale de ce que le Moyen-Age nommera "métaphysique".

Ces deux exemples montrent l'importance dévolue à la nomination et au nom dans l'élaboration de la pensée conceptuelle. Comme on l'a bien remarqué, la question platonicienne de l'essence coïncide avec celle du nom et c'est précisément à cause de ce privilège reconnu au nom sur le verbe que la philosophie va être amenée dès le départ à s'orienter vers la recherche de formes séparées[6]. Et si la réponse aristotélicienne au χωρισμός platonicien consiste à montrer que "l'être se dit de multiples manières" et qu'il n'est donc pas extérieur à notre "interprétation", cela ne veut pas dire pour autant que l'analyse du langage entreprise sous le nom de *Περὶ ἑρμηνείας* fasse du verbe le centre de la proposition[7]. Tout au contraire, pour Aristote, "le verbe (ῥῆμα) est toujours le signe (σημεῖον) de ce qu'on dit d'une **autre** chose, savoir de choses appartenant à un sujet (ὑποκείμενον) ou contenues dans un sujet"[8], ce qui implique qu'il n'est lui-même qu'un prédicat et que c'est le nom (ὄνομα) qui est le support du rapport intentionnel à l'objet. C'est pourquoi le verbe, pris isolément, c'est-à-dire hors de la proposition (λόγος), seule signifiante, est en réalité un nom[9], bien que, contrairement au nom qui est "sans référence au temps"[10], il ajoute à sa propre signification celle du temps[11]. Il est en effet significatif ici que ce προσσεμαῖνον χρόνον ne se confonde pas avec la πτῶσις ῥήματος, avec le temps, au sens grammatical, du verbe, mais qu'il signifie l'assomption présente de l'énoncé par celui qui parle. Or celle-ci ne s'exerce qu'au niveau **synthétique** de la proposition, comme l'atteste la définition de l'expression négative comme ἀόριστον ῥῆμα, verbe indéfini[12]. Ce qui apparaît donc clairement ici, c'est la définition du nom et du verbe comme formes purement logiques dont l'entrelacement seul constitue le λόγος, indépendamment de leur rapport à la temporalité "réelle"[13].

La relation au temps est pourtant comme inscrite dans la syntaxe même du grec, qui est, en tant que langue indo-européenne, une langue flexionnelle[14]. C'est d'ailleurs ainsi qu'elle s'est comprise elle-même dans ce traité d'analyse de l'expression linguistique qu'est le *Περὶ ἑρμηνείας* : Aristote y utilise le même terme de πτῶσις pour désigner la déclinaison du nom comme celle du verbe[15] et ce terme qui vient du verbe πίπτω, tomber, sera traduit par le latin *casus* et réservé par les grammairiens de l'époque hellénistique à la seule déclinaison du substantif, alors que le terme d'ἔγκλισις, qui signifie inclinaison, servira à désigner les flexions des modes du verbe. Dans le paragraphe consacré à "La grammaire du mot 'être'" de *L'introduction à la métaphysique*, Heidegger remarque que le choix de ces termes provient du fait que les Grecs comprenaient l'être à partir de l'être dressé debout, demeurant debout et se donnant librement par là une installation stable dans la nécessité de sa limite. C'est ce qui se tient ainsi en soi à partir de sa limite et s'offre alors au regard qu'ils nommeront εἶδος ou ἰδέα, sur la base d'une identification ininterrogée (*fraglos*) de l'être avec la parousie ou présence[16]. On comprend à partir de là qu'Aristote désigne comme πτῶσεις ῥήματος aussi bien l'énoncé au passé que l'énoncé au futur d'un verbe, car dans les deux cas la non-présence se voit rapportée à la forme d'une présence réalisée et stabilisée sur laquelle elle n'a qu'une vue "oblique", rétrospective ou anticipative. La "forme" de la présence se voit ainsi conservée, de manière **privative**, au sein même de la temporalité[17].

On a donc ici affaire d'une part à la naissance de la forme logique du jugement compris comme synthèse de concepts et d'autre part à la compréhension implicite du discours comme présentation de l'étant. Ce qui caractérise en effet la pensée d'Aristote, c'est précisément que l'importance qu'il attribue à la synthèse logique détourne pour ainsi dire son regard du caractère proprement "découvrant" du discours, sans que celui-ci soit cependant déjà réduit au statut de pur et simple "énoncé". C'est cette position singulière d'Aristote qui est longuement analysée par Heidegger dans son cours de 1925-26 intitulé *Logik. Die Frage nach der Wahrheit ("Logique. La question de la vérité")*. Car il s'agit pour Heidegger, à cette époque qui est celle de l'achèvement de la rédaction de *Sein und Zeit*, de rendre compte du caractère intemporel de la vérité logique telle qu'elle est définie comme identité et "validité" par Husserl, – qui représente à cet égard l'aboutissement de toute la tradition logique –, en interrogeant son fondement historique. Ce qui se dégage de l'analyse auquel il soumet la définition aristotélicienne du λόγος ἀποφαντικός, c'est que le caractère déterminant et synthétisant de l'énoncé logique, quoique fondé sur ce qui constitue la fonction primaire du λόγος, à savoir la monstration ou présentation *(Aufweisung),* peut cependant en être détaché et se présenter comme un pur rapport entre deux concepts ou une synthèse formelle[18]. Or ce qui caractérise la position d'Aristote, c'est qu'il ne reconnaît le caractère apophantique, découvrant et montrant, du λόγος que dans la synthèse et que c'est cette dernière qui constitue pour lui le sens structurel du λόγος en général. Dans la mesure où cette synthèse est prise comme synthèse simplement formelle, la possibilité de comprendre ce que sont la signification, la compréhension, l'explicitation et en fin de compte le langage lui-même se voit alors fermée[19]. Pourtant, d'un autre côté, celui qui pose ainsi les fondements de la logique proposi-tionnelle, n'a nullement vu lui-même dans le λόγος un jugement, c'est-à-dire la liaison de re-présentations mentales comprises comme "ima-ges" des choses, mais une pure ἀπόφανσις, qui fait (ou "laisse") apparaître l'étant lui-même. Car la synthèse n'est pas seulement pour Aristote une structure du λόγος, elle est aussi une structure de l'étant lui-même, comme l'attestent plusieurs passages de la *Métaphysique*[20].

Dans l'interprétation qu'il donne à cette épo-que de la position d'Aristote, qui, en tant que Grec, n'a pu saisir les phénomènes qu'à travers le langage et n'a donc pu distinguer le niveau apophantique de l'énoncé du niveau propre-ment existential que Heidegger nomme her-méneutique[21], il s'agit pour lui de montrer que, si Aristote n'a pas explicitement compris la vé-rité autrement que comme adéquation entre deux étants subsistants, l'énoncé d'une part, et la chose, d'autre part, s'il n'a pu l'apercevoir comme rapport d'une existence à un monde, comme *Weltoffenheit* d'un *Dasein,* il a néanmoins su s'en tenir aux phénomènes eux-mêmes sans les oblitérer par la construction d'une théorie "picturale" de la vérité[22]. C'est pourquoi il importe d'insister sur les passages de la *Métaphysique* où il apparaît que c'est l'étant lui-même et non pas l'énoncé qui porte sur lui, qui est compris comme "synthétique". Le concept de σύνθεσις apparaît dès lors comme un concept à la fois logique et ontologique, ou peut-être, comme le suggère Heidegger, comme n'étant localisable ni dans l'un ni dans l'autre domaine puisqu'il a justement la "fonction" de les réunir et c'est cette non séparation du logique et de l'ontologique qui caractérise le stade de la philosophie aristotélicienne tout autant que celui de la philosophie platonicienne. Car c'est un des mérites immortels de Platon, selon Heidegger, d'avoir reconnu, contre Parménide, un être à l'erreur et à la fausseté[23], et d'avoir ainsi permis à Aristote de montrer que la fausseté comme la vérité appartiennent à l'étant lui-même et non pas seulement à la pensée.

C'est par l'analyse du chapitre 10 du livre Θ de la *Métaphysique* que Heidegger montre que pour Aristote la synthèse est condition de la fausseté non pas en tant que structure du seul λόγος, mais en tant que structure de l'étant lui-même[24]. Car si l'appréhension des étants non composés (ἀσύνθετα) ne présente aucune possibilité de fausseté, mais seulement cette ignorance (ἄγνοια)[25] qu'est la non saisie, la saisie (θιγεῖν) étant elle-même ce qui définit à ce niveau la vérité, cela implique que seuls les étants composés peuvent être objets d'erreur et donner lieu à des énoncés faux. Il faut donc, pour que l'erreur soit possible, qu'il y ait synthèse, **à la fois** dans l'étant lui-même et dans l'énoncé qui s'y rapporte. Mais ce rapport lui-même de la synthèse "ontologique" et de la synthèse "logique" repose sur l'identification de l'être et de la vérité, telle qu'elle est posée par Aristote au niveau des étants non composés, là où θιγεῖν définit ἀληθές et où un comportement, le saisir, définit l'être de l'étant simple. Ainsi la vérité ne peut-elle plus être logée au seul niveau de l'énoncé, elle est plutôt, comme Heidegger l'affirme avec vigueur, ce qui rend possible l'énoncé lui-même[26].

Ce qui demeure pourtant ininterrogé dans la théorie aristotélicienne de la vérité ontologique, c'est le sens proprement **temporal** de l'identification de l'être et de la présence. C'est ce qui conduit Heidegger à "L'idée d'une chronologie phénoménologique"[27]. Celle-ci a pour tâche d'investiguer la temporalité des phénomènes et il faut comprendre par là non pas leur être dans le temps, ce qui demeure encore une détermination extrinsèque, mais ce qui, dans leur structure même, est caractérisé par le temps[28]. Cette investigation de la temporalité et du temps lui-même n'a bien entendu rien à voir avec la discipline historique du même nom et représente au contraire une recherche philosophique fondamentale. Il ne s'agit pourtant pas, pour Heidegger, de la mettre en connexion avec les autres disciplines de la science philosophique, ni même d'ébaucher une nouvelle systématicité de celles-ci en rapport avec elle, car "il se pourrait que l'enracinement de ces disciplines traditionnelles se voit ébranlé par cette chronologie et que, partant de là, il soit peut-être totalement dépourvu de sens d'en proposer une classification au sens traditionnel"[29]. C'est pourquoi ce qui importe seulement, c'est de déterminer la tâche qui incombe à cette chronologie, dont le domaine n'est pas encore délimité, comme l'attestent l'incertitude régnant sur l'emploi philosophique des déterminations de temps et la manière grossière avec laquelle on a coutume d'opposer le temporel à l'intemporel, comme s'il s'agissait là des choses les plus simples du monde.

Heidegger n'est cependant pas, dans cette entreprise, absolument sans prédécesseur : Kant est en effet pour lui "le seul qui se soit avancé dans cet obscur domaine sans pourtant parvenir à apercevoir la signification principielle de sa tentative"[30]. C'est dans la théorie du schématisme kantien que Heidegger voit une approche essentielle de la problématique chronologique, à savoir la monstration de la temporalité de ces comportements du *Dasein* que sont, dans le langage kantien, l'aperception transcendantale, les actes de l'entendement et la conscience au sens le plus large[31]. Toute la fin du cours de 1925-26 (soit plus du tiers de celui-ci) est ainsi consacrée à une première interprétation du rôle que joue le temps dans l'esthétique et l'analytique de la *Critique de la raison pure*. Car il ne s'agit pas pour Heidegger de considérer, à la manière hégélienne, que la mise en relation, dans le schématisme, de l'entendement et de la sensibilité demeure encore "extérieure" et donc non assez "dialectique", mais au contraire de demeurer, face à la difficulté de cette analyse des jugements secrets de la raison commune qu'est la philosophie[32], dans l'attitude de retenue devant les phénomènes qui est celle de Kant et ainsi de s'engager, à sa suite, dans cette nuit qui est celle de l'âme et de son "art caché", sans tenter de maîtriser précipitamment et de soumettre à la violence du concept (comme le fait Hegel dans son "imposant système") les problèmes que Kant a prudemment laissés irrésolus[33].

Le projet d'une "chronologie phénoménologique" s'inscrit donc, à titre en quelque sorte d'idéal régulateur, dans l'entreprise qui est alors celle que s'assigne Heidegger d'une radicalisation de la problématique de la logique traditionnelle qu'il s'agit à la fois de revivifier et d'ébranler en la ramenant à sa source philosophique[34]. Si Heidegger prend fermement parti pour le développement d'une "logique philosophante" et contre l'enseignement de la logique scolaire traditionnelle, c'est en effet au sens **phénoménologique** de l'injonction du retour aux choses elles-mêmes et de la question-en-retour à partir des sédimentations résultant de l'histoire. Pour lui "la logique scolaire traditionnelle est le contenu rendu extérieur, privé de racines et par là endurci, d'un questionnement philosophique originaire qui a été vivant chez Platon et Aristote, un questionnement qui a été complètement étouffé par le durcissement propre aux exercices scolaires"[35] et son enseignement, loin d'aiguiser et de discipliner la pensée, peut même conduire, lorsqu'il est devenu "pur dressage et érudition aveugle", à "une ergoterie vide", à la "chicanerie"[36]. Il est vain, en effet, d'attendre de la logique traditionnelle l'apprentissage de la pensée, car celle-ci, même en tant que pensée scientifique, "ne peut être apprise que dans le commerce avec les choses"[37]. La récusation de la logique traditionnelle est cependant parfaitement conciliable avec un véritable respect de la tradition, lequel ne consiste nullement en un attachement aveugle au passé et en la reproduction obstinée de celui-ci, mais bien plutôt dans "l'appropriation philosophique du contenu philosophique authentique qu'elle renferme"[38].

Ce à quoi vise alors Heidegger, c'est à la "transparence" de la recherche scientifique qui ne peut être obtenue que si celle-ci se comprend d'abord elle-même comme une forme d'existence et accepte de poser effectivement la question "qu'est-ce que la vérité ?", ce qui implique d'avoir le courage non seulement de s'affronter à la possibilité de l'erreur, mais aussi celui d'avouer celle-ci. Car cette aspiration à la transparence du *Dasein* à l'égard de soi-même ne doit nullement être confondue avec le désir de la plénitude d'une présence à soi délivrée de toute médiation, mais doit au contraire être comprise comme "le courage de la libération intérieure à l'égard du moi propre dans le pouvoir-écouter et le pouvoir-apprendre, le courage de l'explication positive [avec les autres]"[39]. Heidegger, en affirmant qu'une telle transparence n'est possible que par la voie de la logique philosophante, suggère ainsi le caractère nécessairement intersubjectif non seulement du questionnement philosophique lui-même, mais aussi de la "chose" dont il traite, laquelle, étant inséparable de l'historialité de la langue, ne peut nullement être assimilée à une objectivité prédonnée. Car la "détemporalisation" qui est à l'origine du caractère "formel" de la logique traditionnelle entraîne aussi la "naturalisation" des "objets" et des "contenus" de pensée, lesquels ne sont pourtant "rien" hors de leur "vêtement grammatical"[40].

De ce projet d'une " chronologie phénoméno-logique", on ne trouve plus de traces ni dans *Sein und Zeit*, ni, semble-t-il, dans les cours de Marburg et de Freiburg jusqu'ici publiés qui précèdent l'époque du "tournant". Car après celui-ci, la perspective de l'élaboration d'une "ontologie temporelle" va se voir abandonnée et avec elle, l'idée que l'horizon temporel puisse suffire à rendre compte de ce que nommons être. C'est alors vers une pensée de la *Gegnet* et de l'unité du *Zeitraum* que se tourne Heidegger pour accéder à ce qui constitue en propre l'ouverture du domaine d'apparition de l'étant[41]. Car si ce qui est nommé "être" dans *Sein und Zeit* n'est pas autre chose que le temps[42], il est question, après la *Kehre,* non pas tant de penser à partir de l'espace ce qui se donne de plus en plus comme l'"extériorité" de l'être par rapport à un *Dasein* de moins en moins compris comme subjectivité, que de dissocier le temps lui-même de sa complicité avec le sens "interne". Il s'agit en effet, non plus de ramener la spatialité à la temporalité, mais de penser l'espacement du temps lui-même, ce que tente Heidegger dès les *Beiträge zur Philosophie*, en forgeant l'expression *Zeitraum*[43], qui désigne, comme cela apparaît clairement dans la conférence *Zeit und Sein* de 1962, non pas l'"espace-temps" des physiciens, mais l'éclaircie ouverte par la donation à distance, – le *Reichen* réciproque de l'avenir, de l'avoir-été et du présent –, à partir de laquelle seule ce que nous nommons espace devient compréhensible[44]. C'est pourquoi lorsque Heidegger souligne que la question du sens de l'être, après être devenue au moment de la *Kehre* celle de la vérité de l'être, a finalement pris la forme de la question du lieu ou de la localité de l'être[45], on ne doit pas voir dans cette dernière formulation de "topologie de l'être" une dénégation de l'ancien projet d'une "chronologie", mais au contraire sa réactualisation, le temps n'étant maintenant plus déterminé de façon encore métaphysique (c'est-à-dire transcendantale) comme le fondement de l'être, mais comme déployant l'"espace" d'une habitation.

Si Heidegger a donc pour sa part abandonné le nom de "chronologie", tout comme d'ailleurs celui de "phénoménologie"[46], sans pourtant renoncer complètement à donner une indication programmatique par le nouveau titre de "topologie de l'être", cela ne signifie donc pas que la tâche désignée sous ces rubriques ait été jugée inaccomplissable, mais que le mode de son accomplissement ne peut plus être celui du λόγος en son sens traditionnel. Car ce qui fait véritablement question dans ce "titre" de chronologie que je me propose de reprendre ici, ce n'est pas tant la référence au temps que la référence à la logique qu'il implique. Est-il donc possible de reprendre le projet d'une logique philosophante qui était celui de Heidegger à l'époque de *Sein und Zeit* ? Et peut-on envisager de constituer une nouvelle logique qui parvienne à réinsérer dans ses "énoncés" le moment temporel banni dans la constitution de l'objet scientifique et qui puisse rendre ses droits à ce que Gadamer nomme "l'historicité interne de l'expérience"[47] ? Il est clair que lorsque Heidegger parle de "topologie", il ne comprend plus le λόγος dont il est encore question ici à la manière traditionnelle. L'expression de "topologie de l'être" apparaît pour la première fois dans un texte d'allure peu "scientifique", précisément intitulé *L'expérience de la pensée,* et dans un contexte où il est question aussi bien du caractère poétique encore voilé de la pensée que d'une poésie pensante et c'est d'ailleurs cette dernière qui "est en vérité la topologie de l'être" et qui dit à celui-ci "le lieu où il se déploie"[48]. Le λόγος auquel se réfère ici Heidegger n'est plus considéré seulement du côté de sa face sémantique-épistémique, mais aussi du côté de celle, syntaxique et poïétique, qui lui appartient également, ce qui lui permet de voir dans la pensée non pas seulement un préliminaire essentiel de l'action mais bien "l'agir le plus simple en même temps que le plus haut" comme l'affirme la première page de la *Lettre sur l'humanisme*[49]. C'est en effet à la fin d'un texte consacré à Héraclite et à l'essence plus originaire d'un λόγος que les Grecs habitaient sans cependant l'avoir jamais pensé que Heidegger déclare que "la pensée transforme le monde", en le rendant plus énigmatique, plus obscur et plus profond, en l'arrachant à sa pure et simple présence de fait pour le faire entrer dans "l'orage de l'être"[50].

Mais le caractère "fulgurant" d'un tel λόγος n'interdit-il pas par conséquent tout exposé programmatique de ce qui pourrait encore se donner comme une discipline positive, même non épistémique, sous le nom de chrono-logie ? Et ne faudrait-il pas plutôt renoncer à ce qui ne pourrait manquer de se donner comme une entreprise de refondation plus originaire de la logique traditionnelle et à la forme encore transcendantale que prendrait nécessairement une telle entreprise ? Si telle était alors la position à adopter, ce renoncement ne pourrait cependant pas être silencieux et il exigerait sans doute d'être longuement argumenté[51]. C'est pourtant un autre parti qui sera pris ici, celui non pas de l'exposé programmatique au sens négatif d'une discipline impossible, mais d'une **esquisse** de ce que pourrait être en un sens inédit une "logi-

que" de la temporalité. Car une telle chrono-
logie ne se laisse pas programmer ou projeter au
sens transcendantal, elle ne consiste nullement
dans l'inscription de limites déterminées, elle est
au contraire vouée par essence à cet inachève-
ment et à cette inchoativité que Merleau-Ponty
reconnaissait comme inévitables pour ce "mouvement", plutôt qu'une doctrine ou un système,
qu'a été la phénoménologie[52]. C'est pourquoi,
comme à celle-ci, ne lui convient que l'esquisse,
c'est-à-dire, au sens littéral, l'improvisation[53].
Car improviser, c'est laisser "faire" le temps, se
fier à la faveur du "moment", mais aussi s'affronter à l'inattendu et au risque de l'échec.

C'est donc une telle esquisse qu'il va s'agir
maintenant de tracer, légèrement, dans la hâte
qui caractérise toutes les entreprises de ces mortels que sont les humains, et avec une négligence
appliquée à laisser toute leur souplesse aux
constructions éphémères qui abriteront pour un
temps (celui de la "thèse") ce mouvement re-
naissant sans cesse de ses propres interruptions
qu'on nomme vie ou pensée.

Il est vrai que la "précipitation" a été fort critiquée dans la philosophie moderne, en tant que celle-ci se comprend elle-même comme une entreprise de fondation. C'est ce qu'exprime fort bien Kant dans l'Introduction à la *Critique de la raison pure* [54] : "C'est le destin ordinaire de la raison humaine, dans la spéculation, de terminer son édifice *(Gebäude)* aussi tôt que possible et de n'examiner qu'ensuite si les fondements *(Grund),* eux aussi, ont été bien posés". Le souci "méthodologique" et "architectonique" se confond en effet avec l'entreprise philosophique elle-même, qui, en tant qu'entreprise éminemment "logique" exige cette "patience du concept" qui trouve sa plus belle illustration dans le discours hégélien en tant que discours absolu. La hâte et la précipitation, comme les constructions inachevées et peu solides, sont par contre plutôt le fait d'une pensée finie qui, parce qu'elle chemine sans cesse, doit se contenter d'abris éphémères et ne peut, comme le dit le poète, n'habiter véritablement que l'éclair [55].

Notes

1 - *Nachgelassene Fragmente 1885-1887*, Kritische Studienausgabe 12, herausgegeben von G. Colli und M. Montinari, DTV, de Gruyter, München, Berlin/New York, 1988, p. 104. Je cite ci-après la traduction de G. Bianquis, in *La Volonté de Puissance*, Gallimard, 1947, tome I, p. 79, en la transformant légèrement : "Le **jugement** est notre croyance la plus ancienne, notre façon la plus usuelle de tenir pour vrai ou pour faux (...) Quand je dis : 'l'éclair luit', j'ai pris la lueur d'abord pour l'action elle-même, puis pour le sujet de l'action : j'ai donc supposé un être sous l'événement, un être qui n'est pas identique à l'événement, qui **demeure**, qui **est** et qui ne '**devient**' pas".

2 - Les termes d'"activité" et d'"articulation" qui apparaissent ici renvoient à la conception humboldtienne de la langue qui constitue non pas seulement "une", mais "la" référence majeure de cette "esquisse". Par opposition à ce qui constitue la tendance dominante de la linguistique moderne, Humboldt a en effet d'emblée aperçu le caractère essentiellement "transitoire" de la langue dont la définition ne peut être que "génétique"[*Introduction à l' œuvre sur le kavi* (1835), Seuil, 1974, p. 18]. C'est pourquoi il découvre la véritable "grammaire" des langues dans l'activité vivante de la parole :

"Die Sprache liegt nur in der verbundenen Rede, Grammatik und Wörterbuch sind kaum ihrem todten Gerippe vergleichbar", Ueber die Verschiedenheiten des menschlichen Sprachbaues (1827-29), *Gesammelte Schriften,* Berlin, Behr, 1907, Band VI, 1, p. 147 ("La langue ne se trouve que dans la liaison du discours, la grammaire et le dictionnaire sont à peine comparables à son squelette mort.")

3 - Comme M. Foucault le faisait remarquer dans son introduction à la *Grammaire générale et raisonnée* d'Arnauld et Lancelot (Grammaire de Port-Royal, Rep. Paulet, Paris, 1969) : "Le sens du mot grammaire se dédouble : il y a une grammaire qui est l'ordre immanent à toute parole prononcée, et une grammaire qui est la description, l'analyse et l'explication – la théorie de cet ordre". C'est cet "ordre immanent", cette syntaxe, qui vont progressivement émerger à la "conscience" (ou plus exactement être à l'origine de ce que l'on nomme tel) et permettre l'élaboration de la science de la logique (ἐπιστήμη λογική). Il est vrai que la grammaire théorique n'est apparue en Occident qu'à l'époque hellénistique, mais elle ne suppose nullement, comme son nom pourrait nous le faire croire à tort, la fixation de la langue parlée dans l'écriture. Il suffit à cet égard de mentionner le travail de Pānini qui, aux environs du Vᵉ siècle av. J.C., à une époque où l'écriture n'était pas encore un outil courant de notation de la langue parlée et dans une tradition (celle des Veda) foncièrement "phonocentriste", a élaboré une analyse métalinguistique du sanscrit si parfaite qu'elle constitue aujourd'hui encore le manuel pratique le plus utilisé pour

l'apprentissage de cette langue. Ce que les Grecs d'Alexandrie ont nommé γραμματικὴ τέχνη, Pānini le nomme pour sa part *vyakarana*, mot qui signifie à la fois manifestation et distinction, c'est-à-dire analyse qui rend visible et porte ainsi à la connaissance la morphologie et la syntaxe de la langue parlée. Le projet des grammairiens de Port-Royal, celui d'une grammaire **générale**, a une portée beaucoup plus vaste, puisqu'elle vise à l'édification de ce que l'on pourrait nommer une "métagrammaire", c'est-à-dire une grammaire a priori qui se confond avec cette "logique du sens" que Husserl développe dans la quatrième Recherche logique. (Je me permets à ce propos de renvoyer à mon article "Husserl et le projet d'une grammaire pure logique" in *Grammaire, sujet et signification,* L'Harmattan, 1994, pp. 87-103.). En réalité, comme Heidegger le souligne dans sa thèse d'habilitation consacrée à Duns Scot, cette "théorie des formes de la signification" que Husserl a remise en honneur n'est nullement une invention du rationalisme du XVIIe siècle, mais constitue déjà l'objet de la tradition médiévale de la grammaire spéculative qui naît au XIIe siècle, au moment où s'éveille un intérêt pour la dialectique aristotélicienne et où les études grammaticales et logiques visent à élaborer une analyse critique de la pensée fondée sur son expression grammaticale et à constituer une véritable "logique de la langue". La célèbre formule du *Metalogicon* de John of Salisbury (citée par A.L. Kelkel in *La légende de l'être : Langage et poésie chez Heidegger,* Vrin, 1980, p. 40) : "*Grammatica est totius philosophiae cunabulum*" ("La grammaire est le berceau de toute la philosophie"), caractéristique de ce tournant spéculatif de la science grammaticale, pourrait encore servir d'exergue au travail entrepris ici.

4 - B. Snell, *Die Entdeckung des Geistes*, Vandenhœk & Ruprecht, 1986, p. 205 sq. S'il s'agit bien, pour B. Snell, de reconnaître, comme bien d'autres avant lui, dans la culture grecque la source des "Lumières" et le passage du "μῦθος" au "λόγος", cela ne signifie nullement qu'il considère la Grèce comme l'a fait le classicisme, à savoir comme un modèle anhistorique. Il met au contraire constamment l'accent sur l'aspect "historique" du développement des notions de conscience et de pensée et sur le caractère relatif du "progrès" qu'implique sa thèse d'une "découverte" de l'esprit humain à travers les étapes successives de l'épopée, la mythologie, la poésie lyrique, la tragédie et l'histoire.

5 - Cf. Jean Beaufret, *Le Poème de Parménide*, op. cit., p. 34 : "Mais alors qu'en est-il de l'ἐόν ? N'est-ce pas enfin dans ce **participe** (μετοχή) que nous avons à éprouver en quoi ces traditionnels amis du participe (φιλομέτοχοι) que se trouvèrent être les Grecs furent aussi, et par là même peut-être, les véritables **amis du savoir** (φιλόσοφοι) ?"

6 - Je renvoie ici à un cours professé par Paul Ricœur en 1962-63 et paru sous forme de polycopié sous le titre "Introduction au problème du signe, de la signification et du langage".

7 - Qu'une telle analyse donnant le privilège au verbe et non au nom soit possible dans le cadre des langues indo-européennes, c'est ce que montre la "grammaire" de Pānini

qui repose sur le principe de la phrase verbale dont le centre est le verbe auxquels tous les autres facteurs de l'action (agent, instrument, objet, etc.) se rapportent d'égale manière. Cf. P. S. Filliozat, "Les structures pāninéennes" in *Le sanskrit*, P.U.F., Que sais-je ?, 1992, p. 37 sq. Voir également ce que Humboldt dit du verbe en général : "A lui seul est délégué l'acte de position synthétique sous la forme d'une fonction grammaticale. [...] D'où, entre lui et les autres termes de la phrase, une différence qui interdit de les regrouper dans la même classe", et du sanscrit : "En Sanscrit, la puissance de concentration du verbe est exclusivement assignée au traitement grammatical auquel il est soumis, en sorte que rien, dans cette partie du discours, ne laisse à désirer. Le verbe occupant ainsi une situation qui le distingue par essence de toutes les autres parties du discours, le Sanscrit ne lui laisse rien de commun avec le nom, l'un étant nettement, complètement disjoint de l'autre" (Humboldt, *Introduction à l'œuvre sur le kavi*, op. cit., p. 367 et 368).

8 - Περὶ ἑρμηνείας, III, 16 b 10. Je souligne.

9 - *Ibid.*, III, 16 b 19.

10 - *Ibid.*, III, 16 a 18.

11 - *Ibid.*, III, 16 b 6.

12 - *Ibid.*, III, 16 b 12-18.

13 - Ce point a été particulièrement bien mis en évidence par Johannes Lohmann dans *Philosophie und Sprachwissenschaft*, Duncker und Humblot, Berlin, 1965, p. 176 sq. Il parle à ce sujet, fort justement, me semble-t-il, du commencement, avec Aristote, d'une "logicisation du temps" qui

s'achève dans l'Europe des "Lumières" par la détemporalisation *(Entzeitlichung)* de la *ratio* latine devenue "raison" (op. cit., p. 252).

14 - La flexion est, depuis la parution en 1808 du livre célèbre de Friedrich Schlegel, *Über die Sprache und Weisheit der Indier ("Sur la langue et la sagesse des Indiens")* un critère permettant l'élaboration d'une classification des langues. Humboldt, pour sa part, refuse d'en faire une ligne de démarcation absolue entre les langues (*"In keiner Sprache ist Alles Beugung, in keiner Alles Anfügung", Gesammelte Schriften*, Band VI, 1, op. cit., p. 275 : "En aucune langue tout est flexion, en aucune langue tout est adjonction"). Toute langue peut donc être comprise à partir de l'idée de flexion, même lorsque celle-ci est non marquée, comme c'est le cas du chinois, qui, à l'opposé du sanscrit, langue où la flexion est très marquée, assigne à la position et non pas au phonétisme le soin d'exprimer la forme grammaticale, ce qui exige "un haut degré de tension interne" et ne permet donc pas de considérer le chinois comme une langue de forme inférieure (*Introduction à l'œuvre sur le kavi*, op. cit., p. 412). Il faut cependant noter que c'est l'"analyse" de Pānini qui a déjà, autour de 500 av. J.C., distingué le radical de la désinence et mis ainsi en lumière la caractéristique de la flexion propre aux langues indoeuropéennes. Les langues sémitiques se distinguent de ces dernières en ce que la flexion concerne ici une racine, qui, contrairement au radical indo-européen qui n'est qu'un produit de l'analyse et que l'on ne peut faire apparaître que par la recherche

étymologique, fait partie de la conscience linguistique vivante du locuteur sans cependant jamais s'incarner autrement que dans l'écriture consonantique.

15 - *Περὶ ἑρμηνείας*, 16 b 1 et 16 b 17. Voir également
Poétique, 1457 a 18.

16 - *Einführung in die Metaphysik*, Niemeyer, Tübingen,
1966, p. 46 ; trad. fr. *Introduction à la métaphysique*, P.U.F., 1958,
p. 70.

17 - Cf. J. Lohmann, "Das Verhältnis des abendländischen
Menschen zur Sprache" in *Lexis*, Band III, 1, 1952, p. 39. Il
faudrait ici insister sur l'importance du concept de στέρησις
(privation ou non-forme) qu'Aristote construit afin de permettre aux contraires de se rencontrer dans ce troisième
terme qu'est le substrat (ὑποκείμενον) (*Métaphysique* Λ, 10,
1075 a 30). Toute transformation prenant place dans le
monde se voit ainsi expliquée comme le mouvement entre
une forme (μορφή) et la non-forme (στέρησις) correspondante
dans un substrat (ὕλη en tant qu'ὑποκείμενον).

18 - *Logik. Die Frage nach der Wahrheit*, Klostermann,
Frankfurt am Main, 1976, Gesamte Ausgabe, Band 21,
p. 160 (Noté par la suite GA 21). Un peu plus haut (p. 157)
Heidegger évoque un exemple de proposition souvent cité
dans le cadre de la logique traditionnelle : "les roses fleurissent". En tant que jugement déterminant, il veut dire que
ces choses que sont les roses ont la propriété de fleurir, et
non pas que les roses fleurissent **présentement**, ce qu'entend
pourtant quiconque énonce une telle phrase.

19 - *Ibid.*, p. 161.

20 - *Ibid.*, p. 163 sq. Les passages cités par Heidegger sont *Métaphysique*, Γ 7, 1011b 26 et E, 4, 1027 b 20-22.

21 - Cf. GA 21, p. 142, où Heidegger souligne qu'Aristote "n'est pas parvenu à se dégager de l'orientation à partir du langage – pour les Grecs une impossibilité". C'est dans ce § 12 que Heidegger fait pour la première fois la distinction entre le "en tant que" herméneutique-compréhensif et sa modification apophantique-déterminante qui formera la structure fondamentale des § 32 et 33 de *Sein und Zeit*. Voir le troisième chapitre (Logique et métaphysique) de cette esquisse.

22 - *Ibid.*, p. 164.

23 - *Ibid.*, p. 168.

24 - *Ibid.*, p. 170-182. Heidegger propose dans ces pages une traduction commentée de ce chapitre.

25 - Il est important de souligner, comme le fait Heidegger, qu'Aristote précise bien que cet ἀγνοεῖν n'est pas une pure cécité, c'est-à-dire une pure absence de pensée (νοεῖν), puisqu'il y a bien ici aussi λέγειν, la saisie permettant l'énonciation (φάσις). Ce qui n'est donc pas possible ici, c'est uniquement la διάνοια et le διαλέγεσθαι, la pensée et le discours déterminants, lesquels supposent la réciprocité de la σύνθεσις et de la διαίρεσις.

26 - GA 21, p.135.

27 - *Ibid.*, p. 197 : Tel s'énonce en effet le titre du § 15.

28 - *Ibid.*, p. 199.

29 - *Ibid.*, p. 200.

30 - *Ibid.*

31 - *Ibid.*, p. 204-205.

32 - Heidegger cite d'entrée de jeu, dans ce § 15, une des *Reflexionen* de Kant qui dit : *"Der Philosophen Geschäft ist nicht, Regeln zu geben, sondern die geheimen Urteile der gemeinen Vernunft zu zergliedern"* ("L'affaire du philosophe ne consiste pas à donner des règles, mais à analyser les jugements secrets de la raison commune") et il voit dans ces derniers "ces conduites qui, non formulées, non connues et non comprises, sont au fondement du comportement quotidien du *Dasein* " (op. cit., p. 197).

33 - *Ibid.*, p. 201. Notons que c'est à cette même époque (1926) que Heidegger reçoit de Husserl le manuscrit des *Leçons pour unr phénoménologie de la conscience intime du temps* qui sont une autre tentative, à côté de celle de Kant, de s'enfoncer dans les profondeurs "hylétiques" de la conscience et de penser "l'intimité" de celle-ci avec le temps. Heidegger, qui ne publiera qu'en 1928 le manuscrit reçu, a cependant continué à reconnaître à Kant le privilège exclusif d'une approche de la temporalité de l'être, comme l'atteste le *Kantbuch* de 1929.

34 - *Ibid.*, p. 11.

35 - *Ibid.*, p. 13.

36 - *Ibid.*, p. 15.

37 - *Ibid.*, : *"Denken und gar wissenschaftliches Denken ist nur zu lernen im Umgang mit den Sachen"*.

38 - *Ibid.*, p. 18-19. Ce rapport lui-même philosophique au contenu philosophique toujours vivant dans le sédimenté historique rappelle la conception hégélienne du rapport de

la philosophie à sa propre histoire telle qu'il l'exprime dans cette phrase célèbre de sa première publication : *"Der lebendige Geist, der in einer Philosophie wohnt, verlangt, um sich zu enthüllen, durch einen verwandten Geist geboren zu werden"*, *Differenzschrift* in *Hegel Werke, Jeaner Schriften 1801-1807*, tome 2, Suhrkamp, Frankfurt am Main, 1970, p. 16, trad. fr. in *La différence entre les systèmes philosophiques de Fichte et de Schelling*, Vrin, 1986, p. 105 : "Pour se dévoiler, l'esprit vivant qui habite une philosophie réclame l'affinité d'un esprit qui le mette au monde".

39 - *Ibid.*, p. 18.

40 - C'est Husserl qui, dans l'introduction aux *Recherches logiques* (P.U.F., 1969, tome II, 1, § 2, p. 4) affirme que les "objets vers lesquels s'oriente la recherche de la logique pure sont donnés tout d'abord sous le vêtement grammatical *(im grammatichen Gewande)*". Il apparaît clairement ici que le concept husserlien de "vécu" *(Erlebnis)* ainsi que la théorie de la signification logique qu'il développe dans les *Recherches* suppose cette "naturalisation" qui est à l'origine de la science psychologique. Lorsque Heidegger déclare que "Les Grecs, par bonheur, n'avaient pas de vécus (*Nietzsche I*, Neske, Pfullingen, 1961, p. 95 ; trad. fr. p. 78), cela ne se réfère pas seulement à l'absence chez eux d'esthétique et de psychologie, mais aussi au fait qu'ils "vivaient" si profondément dans les mots, comme le dirait Husserl, qu'ils n'ont jamais différencié leurs "processus mentaux" de leurs expressions verbales, manifestant ainsi l'historialité foncière de ce que Heidegger nomme non plus "vie" mais "existence". Car c'est là en effet le propre de l'existence humaine : qu'elle soit si

originairement structurée par la langue qu'elle ne puisse plus
s'apparaître à elle-même comme "nature".

41 - Je prends la liberté de renvoyer ici aux pages 108 et
suivantes de *Heidegger et la question du temps*, P.U.F, 1990.

42 - C'est ce que Heidegger dit lui-même explicitement
en 1949 : *"'Sein' ist in 'Sein und Zeit' nicht etwas anderes als 'Zeit',
insofern die 'Zeit' als der Vorname für die Wahrheit des Seins
genannt wird, welche Wahrheit das Wesende des Seins und so das
Sein selbst ist"*. (*Was ist Metaphysik ?*, Klostermann, Frankfurt
am Main, 1960, p. 17 ; trad. fr. *Questions I*, Gallimard, 1968,
p. 36-37 : "*Sein* [Être] dans *Sein und Zeit* n'est pas autre chose
que *Zeit* [temps], pour autant que le 'temps' est donné comme
pré-nom à la vérité de l'Être, laquelle est ce en quoi l'Être
déploie son essence et ainsi est l'Être lui-même".)

43 - Cf. *Beiträge zur Philosophie*, Klostermann, Frankfurt am
Main, 1989, p. 191-192, où il est clairement dit que le temps,
pensé comme temporalisation *(Zeitigung)*, raptus extatique
(Entrückung) et ouverture *(Eröffnung)* est en même temps instaurateur d'espace *(einräumend)*, créant l'espace, lequel "n'est
pas de même essence que lui, mais lui appartenant tout
comme il (le temps) appartient à l'espace" ; voir également
les § 238 et 242 réunis sous le titre de "Der Zeitraum als Ab-
grund", p. 371 sq.

44 - Cf. *Questions IV*, Gallimard, 1976, p. 32 et note du
traducteur p. 50.

45 - Voir par exemple le séminaire du Thor de 1969 in
Questions IV, op. cit., p. 278.

46 - Voir "Mein Weg in die Phänomenologie" in *Zur Sache*

des Denkens, Neske, Pfullingen, 1969, p. 90 (trad. fr. in *Questions IV*, op. cit., p. 173) où Heidegger définit la phénoménologie comme "la possibilité, se transformant parfois et par là même demeurant permanente, de la pensée à correspondre à l'exigence de ce qui est à penser" et où il souligne que si elle est ainsi éprouvée et gardée, elle peut alors disparaître comme nom *(Titel)* "au profit de la *Sache des Denkens,* dont la manifesteté demeure un secret". La disparition ici du "titre", lequel renvoie, comme toute "rubrique", à une "architectonique" possible et à l'édifice scolaire de la science, manifeste effectivement en elle-même la mise au service de la pensée à l'égard de la "chose même", laquelle n'est plus pensée comme pouvant être exhibée intégralement dans un savoir de soi. Voir dans le chapitre suivant ce qui est dit de la "phénoménologie de l'inapparent".

47 - Cf. H.-G. Gadamer, *Vérité et méthode*, Seuil, 1976, p. 191 : "Le but de la science est d'objectiver l'expérience au point de la dépouiller de tout élément historique *(geschichtlich)*. C'est ce que réalise l'expérimentation dans les sciences de la nature à travers son organisation méthodologique. La méthode historico-critique produit des résultats semblables dans les sciences humaines. De part et d'autre l'objectivité doit être garantie en rendant répétables pour chacun les expériences de base. De même que dans les sciences de la nature les expériences doivent être vérifiables, la procédure entière dans les sciences humaines aussi doit pouvoir se contrôler. Dans ce sens, on ne peut laisser aucune place dans la science à l'historicité de l'expérience". Ce passage est évo-

qué par Johannes Lohmann dans *Philosophie und Sprach-wissenschaft,* op. cit., p. 178, au moment où, ayant défini son propre projet comme celui de la constitution d'une logique sémantique opposée à la logique de la désignation des structuralistes (op. cit., p. 155), il montre que ce projet signifie la réintroduction du moment temporel dans la logique traditionnelle, elle-même définie comme la forme limite d'un métalangage universel issu de cette structure générale du "jeu du langage" humain qui est celle de l'en-tant-que *(etwas-als-etwas-Struktur).* Car cette forme-limite ou ce point zéro de la relation sémantique est celle de l'équivalence "plate" des mots et des choses dans ce que l'on pourrait nommer la "théorie picturale" du langage, à laquelle manque cette "tension" qui provient du rapport à l'**actualité** de ce dont on parle et au procès d'une temporalité en **train de se faire**.

48 - *Questions III,* Gallimard, 1966, p. 37.

49 - *Lettre sur l'humanisme,* Aubier Bilingue, 1964, p. 27-28.

50 - "Logos" (1951) in *Essais et conférences,* Gallimard, 1958, p. 278.

51 - Ce problème était déjà celui, pour des raisons certes différentes, mais non absolument incomparables, de ce qui ne pouvait qu'absurdement se nommer "grammatologie" et dont les conditions d'impossibilité étaient démontrées – en un sens encore négativement transcendantal – dans *De la grammatologie* dont il faudrait au moins citer ici la toute dernière phrase : "Grammato**logie**, cette pensée se tiendrait encore murée dans la présence" (J. Derrida, *De la grammatologie,* Ed. de Minuit, 1967, p. 142.).

52 - Cf. *Phénoménologie de la perception,* Gallimard, 1945, Avant-Propos, p. XV.

53 - Le terme d'esquisse vient sans doute, à travers l'italien *schizzo,* du latin *schedium* (poème improvisé, impromptu) et renvoie en grec à l'adjectif σχέδιος : fait à la hâte, improvisé, du moment même, aux adverbes σχεδίην : de près, sur le champ et σχεδίως : à la hâte, à la légère, avec négligence, vainement, et au substantif σχεδία, désignant toute construction légère et faite à la hâte. Que vivre puisse consister à s'exercer, de la plus tendre enfance à la plus extrême vieillesse, en vue de quelques instants d'improvisation réussie, voilà qui peut sans doute n'être vraiment compris que dans une tradition explicitement "phonocentrée" comme la tradition indienne, dans laquelle musique et poésie sont demeurées étroitement liées et sont encore considérées comme deux modes d'expression semblables, puisque le musicien, comme le poète requis d'écrire un sonnet ou une ode, se voit imposer la forme et la structure du *raga* qu'il va improviser. Ce n'est pas en effet un moindre aspect de la tradition du *raga* que la théorie ancestrale qui détermine, en accord avec le moment du jour choisi pour l'improvisation, la forme imposée de cette séquence de notes dont les interrelations sont prédéterminées qu'est le *raga,* dont le nom signifie, en dehors de son sens technique de mode musical, la couleur rouge de la passion et le charme de la voix. Je renvoie ici, plutôt qu'à des ouvrages de musicologie, au jugement éclairé de Yehudi Menuhin, un des rares interprètes occidentaux à s'être essayé à cet art de l'improvisation qu'est la musique indienne,

tel qu'on le trouve exposé dans ses mémoires. Cf. *Unfinished Journey*, Futura Publications, London, 1978, p. 339 sq.

54 - Kant, *Critique de la raison pure,* PUF, 1963, p. 36.

55 - Voir René Char, "Le Poème pulvérisé", XXIV, in *Œuvres complètes*, Gallimard, Pléiade, 1983, p. 266 : "Si nous habitons un éclair, il est le cœur de l'éternel".

PHÉNOMÉNOLOGIE ET TEMPORALITÉ

> *"Während eine Bewegung wahrgenommen wird,
> findet Moment für Moment ein Als 'Jetzt' Erfassen
> statt, darin konstituiert sich die jetzt aktuelle Phase
> der Bewegung selbst. Aber diese Jetzt-Auffassung ist
> gleichsam der Kern zu einem Kometenschweif von
> Retentionen, auf die früheren Jetztpunkte der
> Bewegung bezogen."* [1]

Husserl

Eɴ ǫᴜᴇʟ sᴇɴs cependant cette chrono-logie
qui doit être maintenant esquissée est-elle "phénoménologique" ? Heidegger, dans le cours du
semestre d'hiver 1925-26, précise à ce sujet : "Avec
l'adjectif 'phénoménologique' ajouté à chrono-
logie, on veut indiquer que ce logos du temps,
cette investigation du temps ont une orienta-

tion philosophique et n'ont de prime abord rien à voir avec l'ordre de la succession et la science de la fixation des dates"[2]. "Phénoménologique" a donc ici le sens de "philosophique" par contraste avec le caractère "positif" de la science que l'on nomme "chronologie". Heidegger est en cela parfaitement d'accord avec Husserl qui a constamment insisté sur le fait que le terme de phénoménologie désigne "une méthode et une attitude de pensée : l'**attitude de pensée** spécifiquement **philosophique** et la **méthode** spécifiquement **philosophique**" et qui affirme que la philosophie se situe "dans une **dimension totalement nouvelle**" par rapport à toute connaissance naturelle et donc par rapport à toute science positive[3]. C'est en effet avec Husserl que le terme de "phénoménologie" devient le nom même de la philosophie, comme celui-ci d'ailleurs le reconnaît explicitement dans ce manifeste de la phénoménologie qu'est la "Postface à mes idées directrices" où est souligné le fait que "la science phénoménologique", "science d'un nouveau commencement" est en réalité la restitution de "l'idée de philosophie la plus originelle" qui trouve sa première expression cohérente chez Platon et est à la base de la philosophie et de la science européennes[4]. Car cette idée est celle d'une "science universelle" et d'une "science rigoureuse" qui est à elle-même sa justification dernière et qui ne saurait trouver qu'une réalisation temporaire et relative dans un processus historique qui est lui-même sans fin[5]. Il reste cependant à expliquer pourquoi le terme de phénoménologie n'est devenu le nom même de la philosophie que dans une phase très récente d'une longue histoire qui est dominée depuis Platon par l'opposition entre l'être et l'apparaître et depuis la *Métaphysique* d'Aristote par la question de l'être en tant qu'être. Car le terme de phénoménologie apparaît pour la première fois en 1764 dans le *Neues Organon* de Johann Heinrich Lambert qui la définit comme la science des apparences, mais il faudra ensuite attendre l'année 1806 pour voir ce terme venir occuper le devant de la scène philosophique. Hegel substitue en effet, pendant la publication même, au premier titre prévu pour l'œuvre qu'il est en train d'achever, "Science de l'expérience de la conscience", celui de "Phénoménologie de l'esprit". Ce n'est pourtant que près d'un siècle plus tard, en 1901, que la phénoménologie, avec le second tome des *Recherches logiques,* intitulé "Recherches pour la phénoménologie et la théorie de la connaissance" va définitivement sortir du statut subordonné et du rôle de science propédeutique qui lui a été jusque là assigné, pour devenir chez Husserl le nom "moderne" de la philosophie.

Car la philosophie en tant que mode de pensée autonome[6] n'a pu naître que de ce retrait du divin – dont les tragédies de Sophocle sont le témoignage – qui est consécutif à une décomposition du monde politique grec : c'est parce que le microcosme n'est plus l'image du macrocosme que la limite entre le divin et l'humain se fait énigme et que le sens de "être" devient aporétique[7]. La philosophie se détermine alors, avec Aristote, comme cette "science recherchée" qui sera nommée plus tard, avec Clauberg et

Wolff, ontologie[8]. Il faudra pourtant, comme le souligne vigoureusement Nietzsche dans la *Généalogie de la morale*, que la philosophie se dépouille du vêtement sacerdotal sous lequel elle s'est dissimulée et cesse de se confondre, dans son mouvement de "transcendance évasive"[9] et dans sa promotion de l'idéal ascétique, avec la théologie, pour qu'elle devienne véritablement elle-même, ce qui implique l'accès à la véritable liberté de la volonté[10]. C'est ce qui advient déjà, quoiqu'en dise Nietzsche, avec Kant, lequel tourne le dos à la solution traditionnelle qui consiste à faire participer l'homme à l'entendement divin : avec lui la philosophie doit se faire athée[11], c'est-à-dire partir de l'*intuitus derivativus* de l'être fini, ce qui implique que la science du phénoménal, la phénoménologie dont parlait Lambert, n'est plus une simple propédeutique négative à la métaphysique mais un moment essentiel de l'élaboration de celle-ci. Ce qu'il s'agit en effet de constituer en 1781 c'est une ontologie de la chose comme phénomène, puisque la connaissance du phénoménal n'est plus celle d'une apparence, mais de la chose telle qu'elle est pour une intuition non créatrice par opposition à la chose en soi qui est le corrélat d'un *intuitus originarius.* La phénoménologie ne va cependant devenir le titre effectif d'une philosophie qui a échangé son nom trop modeste pour celui de science qu'avec Hegel, qui pense l'apparaître comme un trait de l'être lui-même. Il n'en demeure pas moins que là aussi la phénoménologie ne constitue au mieux qu'une première partie de la science, celle du savoir apparaissant dans lequel persiste l'opposition de l'être et de l'apparaître, alors que la métaphysique proprement dite, la "Science de la Logique", n'est possible que du point de vue du savoir absolu, de l'identité de l'objet et du sujet, de la pensée et du pensé, de l'apparaître et de l'être. Il faudra, pour que la phénoménologie devienne le nom **positif**, et non pas seulement négatif de la philosophie, que Husserl rompe aussi bien avec la nouménologie kantienne qu'avec la science de l'absolu hégélienne. La conscience phénoménologique ne peut plus en effet être pensée comme

la conscience représentative d'un en soi qui lui préexisterait, mais comme conscience constituant le sens de tout être pour nous – et il n'y a pas d'autre être que l'être pour nous. Husserl refuse ainsi la distinction kantienne de deux modes d'intuition, non pas pour se placer du point de vue de Dieu, à la manière hégélienne, mais au contraire pour généraliser l'*intuitus derivativus*[12] et l'attribuer à Dieu lui-même, seule manière de ne pas poser un être derrière le phénomène. Il n'y a en effet pour Husserl d'être qu'interprété et c'est par là qu'il rejoint indubitablement Nietzsche dans sa critique de l'en soi[13].

La phénoménologie husserlienne a cependant, depuis la découverte de la réduction phénoménologique[14], une figure transcendantale et le sens déclaré d'un idéalisme[15]. Mais, outre que l'idéalisme ne doit pas être confondu avec cette théorie de la dualité des mondes, dont Nietzsche nous conte dans le *Crépuscule des idoles* la ge-

nèse et le déclin, théorie que les philosophes évoqués au cours de cette "histoire d'une erreur" ont tous fortement critiquée[16], il faudrait souligner le caractère tout à fait particulier de l'idéalisme phénoménologique qui est, comme le souligne Husserl, un idéalisme transcendantal en un sens fondamentalement nouveau, puisque, se confondant avec l'explicitation de l'ego, il peut faire l'économie du concept-limite de chose en soi. Jamais en effet l'aspiration à l'idéal n'a pris plus décisive-ment la forme d'un vrai positivisme[17] que dans la pensée de Husserl, qui, dans un mouvement explicitement anticopernicien[18], veut **fonder** l'idéal sur le réel et le catégorial sur le sensible, donnant ainsi raison à l'affirmation d'Héraclite selon laquelle "le chemin qui monte et celui qui descend sont un et le même"[19]. Car cet acte fondé qu'est l'intuition catégoriale exige que réceptivité et spontanéité ne puissent plus être opposées l'une à l'autre, mais qu'elles soient dans un rapport de conditionnement et d'implication réciproques, puisqu'il faut **à la fois** qu'une intuition sensible fonde l'élan catégorial,

mais aussi que cette réceptivité première se voie en quelque sorte "neutralisée" par la spontanéité de l'idée, qui, de son côté, rend possible la perception sensible elle-même. En effet les actes catégoriaux en tant qu'actes fondés ne font que révéler de façon nouvelle ce qui a déjà été donné au niveau de la "simple" perception, qu'ils soient des actes de synthèse qui explicitent le donné sensible selon ses moments catégoriaux et permettent ainsi de l'exprimer en des énoncés, ou des actes d'idéation qui constituent sur la base de la perception sensible de nouvelles objectivités idéales. Car s'il est vrai que dans le cas de l'idéation, la perception singulière qui sert de fondement à l'intuition éidétique ne constitue pas la teneur de l'idée, alors que dans l'acte de synthèse, elle se trouve reprise comme contenu de la nouvelle objectivité idéale, il n'en demeure pas moins que l'acte catégorial d'idéation a lui aussi besoin de se fonder, tout en la neutralisant, dans une perception singulière[20]. Heidegger, dans l'interprétation qu'il donne dans son cours du semestre d'été 1925 des découvertes fondamentales de la phénoménologie, au rang desquelles il compte, à côté de l'intentionnalité et du sens originel de l'a priori, l'intuition catégoriale, met l'accent sur la thèse de la fondation du catégorial sur le sensible et voit en elle une nouvelle formulation de la proposition aristotélicienne du *Περὶ Ψυχῆς*[21] selon laquelle "l'âme ne pense jamais sans image"[22], l'image tenant lieu de sensation, comme Husserl lui-même l'a explicitement reconnu[23]. Ce rapprochement, qui n'est certes pas totalement arbitraire, de Husserl et d'Aristote, a pour but de faire apparaître l'absurdité d'un intellect pensé comme indépendant de la sensibilité au sens large, c'est-à-dire d'un **donné** qui se montre dans sa présence perceptive ou dans sa représence imaginative et vise à discréditer "la vieille mythologie"[24] d'un intellect pur et d'une forme indépendante de la matière, laquelle est à l'origine du caractère "formel" attribué à la logique et qui a, depuis Boèce, suscité la querelle des Universaux et donné naissance au nominalisme. Husserl, avec la découverte de l'intuition catégoriale, qui n'est elle-même possible que sur le fondement de celle de l'intentionnalité, a réouvert la voie à l'ontologie et a donné à celle-ci sa méthode scientifique, celle d'une recherche qui demeure à l'intérieur de la phénoménalité elle-même, car "il n'y a pas d'ontologie **à côté** de la phénoménologie, mais **l'ontologie scientifique n'est rien d'autre que la phénoménologie**"[25].

On peut donc dire de l'idéalisme husserlien ce qu'on peut déjà affirmer de l'idéalisme kantien : à savoir qu'il consiste à réouvrir au sein du sensible lui-même la différence ouverte depuis la naissance de la philosophie entre le sensible et l'intelligible[26]. Dans les deux cas en effet ontologie et phénoménologie ne font plus qu'un, avec cette différence cependant qu'avec la notion peu kantienne d'intuition catégoriale, Husserl va être amené à remettre radicalement en question le schéma sur lequel la *Critique de la raison pure* est encore construite, celui d'une opposition de la forme et de la matière, et à critiquer dès ses *Leçons* de 1905 *pour une phénoménologie de la conscience intime du temps* la distinction entre appréhension et contenus qui forme encore la matrice théorique des *Recherches logiques*, s'engageant ainsi, peut-être avec quelque impudeur, dans les profondeurs de la *hylè*, pour y arracher le secret de cet "art caché" que Kant y avait reconnu sous le nom de "schématisme transcendantal". Il n'en demeure pas moins que la volonté husserlienne – semblable au souci kantien de donner à la colombe platonicienne, pour orienter et favoriser son vol, ce point d'appui *(Widerhalt)* qu'est le sensible[27] – de ne pas laisser l'idéalité planer dans le vide le conduira à considérer que toutes les idéalités, les "libres", comme les "enchaînées" au monde sensible et à la spatio-temporalité, sont finalement "mondaines, de par leur surgissement historique et territorial, de par leur 'être-découvert'"[28], et que leur atemporalité est en réalité une omnitemporalité, c'est-à-dire un mode de la temporalité[29].

L'idéalisme phénoménologique n'est donc pas une prise de parti philosophique[30], mais il constitue en quelque sorte le régime même du mode de pensée phénoménologique en tant que celui-ci renoue avec l'exigence philosophique d'une pensée qui ne renonce pas à rendre compte de sa propre genèse. C'est peut-être déjà en ce sens que Schelling avait osé déclarer en 1797 que "toute philosophie est et reste idéalisme"[31]. C'est indubitablement ce que veut dire Heidegger en 1927 lorsqu'il reconnaît à l'idéalisme, à condition de ne pas le comprendre comme un idéalisme "psychologique", une "primauté de principe" sur le réalisme et qu'il déclare : "Si le terme idéalisme veut dire la compréhension du fait que l'être n'est jamais explicable par l'étant, mais est chaque fois déjà pour tout étant le 'transcendantal', alors c'est dans l'idéalisme que réside l'unique possibilité correcte de problématique philosophique"[32]. Sans doute Heidegger a-t-il plutôt vu à l'œuvre, dans le transcendantalisme du "tournant" husserlien de 1907, un autre sens de l'idéalisme qu'il juge "non moins naïf du point de vue méthodologique que le réalisme le plus grossier", celui d'une "reconduction de tout étant à un sujet ou à une conscience qui ne se distinguent que par le fait qu'ils demeurent **indéter-**

minés dans leur être et peuvent tout au plus être négativement caractérisés comme 'non chosiques'"[33] ; il n'en demeure pas moins qu'il reconnaît à cette époque que la pensée "transcendantale" de la différence ontologique[34] fonde le régime "idéaliste" du philosopher authentique. Or on ne peut d'emblée refuser à Husserl l'accès à ce transcendantalisme "authentique", puisque par la méthode de la réduction, que Heidegger lui-même n'hésitera pas à reprendre, en la complétant il est vrai par la "destruction" et la "construction"[35], il a établi la distinction entre la présence donnée (le caractère de *Vorhandenheit*) des choses expérimentées dans l'attitude naturelle[36] et la pure phénoménalité du monde qui ne se révèle que dans l'attitude . Il devient clair ici que la phénoménologie ne se confond nullement avec un pur et simple phénoménisme et qu'elle n'est possible que comme "science transcendantale" impliquant le "dépassement" du donné immédiat et la distinction entre celui-ci et le phénomène-de-la-phénoménologie. C'est uniquement à partir de là qu'on peut affirmer **à la fois** que les phénomènes "sont eux-mêmes la doctrine"[37] et que pourtant "de prime abord et le plus souvent", ils "ne sont pas donnés"[38].

Il n'y a donc pas, comme Husserl l'affirme, de phénoménologie possible sans réduction, ce qui implique, comme Heidegger le reconnaît à son tour, que "c'est précisément parce que les phénomènes, de prime abord et le plus souvent, **ne** sont **pas** donnés qu'il est besoin d'une phénoménologie"[39]. Comme le déclarait Husserl dans ce premier exposé de la réduction transcendantale qu'est *L'idée de la phénoménologie*, "la tâche de la phénoménologie, ou plutôt le champ de ses tâches et de ses recherches, n'est pas une chose si triviale, comme si l'on n'avait qu'à simplement voir, qu'à simplement ouvrir les yeux"[40], car "cela n'a proprement aucun sens de parler de choses qui sont tout simplement là et n'ont précisément besoin que d'être vues"[41]. La tâche de la phénoménologie telle que la comprend Husserl consiste à montrer comment les choses se présentent *(darstellen)* ou se "constituent" dans une conscience qui n'est plus posée comme le réceptacle de leurs images[42], mais ce *Konstituieren* n'a lui-même nullement le sens d'un faire ou d'un créer, mais uniquement, comme le souligne Heidegger, celui d'un "**faire-voir l'étant dans son objectivité**"[43]. Ce à quoi permet d'assister la phénoménologie "constituante", c'est à la **naissance** du vis-à-vis de la conscience, et c'est pourquoi elle est par elle-même déjà toujours une phénoménologie "génétique". Il n'y a et il ne peut y avoir phénoménologie en effet que là où, loin d'installer entre le "sujet" et l'"objet", la *"res cogitans"* et la *"res extensa"*, un gouffre que seule la véracité divine parvient à combler, c'est plutôt l'"étonnante" et "essentielle corrélation entre l'**apparaître** et l'**apparaissant**"[44] qui est **amenée** à la vue. Car ce qu'il s'agit de faire voir, c'est l'unité indéchirable du φαινόμενον, dont est ainsi révélé le double sens à la fois "subjectif" et "objectif" et qui, comme la φύσις englobante dont parle Héraclite, "aime à se cacher" dans cet oubli de soi qu'est, pour le sujet transcendantal husserlien comme pour le *Dasein* heideggérien, l'"attitude naturelle" qui le conduit à poser la présence des choses et à se comprendre lui-même "inauthentiquement" sur leur modèle[45].

Husserl ne se contente pas en effet de se situer au seul niveau noétique de la phénoménologie transcendantale où apparaît la corrélation entre l'apparaître et l'apparaissant, il veut en outre montrer la naissance même de cette corrélation, ce qui l'entraîne à descendre jusqu'au niveau plus primitif de la phénoménologie hylétique, dans les "profondeurs obscures de l'ultime conscience qui constitue toute temporalité du vécu"[46]. Car "l'absolu transcendantal" auquel la réduction phénoménologique donne accès, c'est-à-dire la corrélation "noético-noématique" qui permet de déterminer le "système d'être fermé sur soi" qu'est la conscience pure comme un "système d'être absolu"[47], n'est nullement "le dernier mot" de la phénoménologie qui entreprend d'amener au jour l'"absolu définitif et véritable" dans lequel il "prend sa source radicale"[48]. Et cet absolu véritable n'est autre, comme le signale Husserl en note[49], que cette énigmatique "intimité" de la conscience et du temps que décrivent les *Leçons* de 1905[50]. Ce que Husserl se propose en effet, c'est de faire "une description du transcendantal", "formule dans laquelle la monstruosité du projet apparaît d'elle-même", comme le note Gérard Granel[51], puisqu'il s'agit ni plus ni moins que de permettre à la conscience d'assister à sa propre naissance et de s'accoucher pour ainsi dire elle-même dans ce que Husserl, tout en relevant le caractère "choquant" *(anstössig)* et même "absurde" *(widersinnig)* du terme, n'hésite pourtant pas à nommer "auto-constitution"[52] : "Le flux de la conscience immanente constitutive du temps non seulement **est**, mais encore de façon si remarquable et pourtant compréhensible, il est tel qu'une apparition en personne du flux doit avoir lieu nécessairement en lui, et que par suite on doit pouvoir nécessairement saisir le flux lui-même dans son écoulement. L'apparition en personne du flux n'exige pas un second flux, mais en tant que phénomène, il se constitue lui-même"[53]. Il y a là comme une *hybris* de la phénoménologie du temps qui prétend, par contraste avec la modestie du transcendantalisme kantien, faire apparaître la condition même de tout apparaître et l'exposer pour ainsi dire "à découvert devant les yeux"[54].

Mais en même temps, la phénoménologie du temps est, comme le souligne à juste titre Gérard Granel, une "phénoménologie sans phénomène"[55], puisque le niveau de l'*Urkonstitution* est celui, non pas de la transparence de l'Absolu à lui-même dans la clarté du concept, mais au contraire de l'obscurité de la *hylè* et de la passivité originelle de l'*Urimpression*. Car cette passivité originelle ne peut plus être comprise, de manière étroitement empiriste ou même encore à partir de l'idée kantienne d'une réceptivité seulement sensible, comme celle d'une **donnée** des sens, mais comme le mode même sur lequel est l'originaire en tant qu'affection, c'est-à-dire en tant que présentation "passive" de la chose même, dans ce qui ne peut plus alors être compris que comme l'identité de l'intentionnalité et de la *hylè*, de la forme et de la matière[56]. Et c'est cette "profondeur" où forme et matière sont l'une dans l'autre que Husserl nomme "Présent vivant". Si Husserl est conduit à voir un "*datum* phénoménologique" dans "l'unité de la conscience qui embrasse présent et passé"[57], c'est précisément parce que cet acte de **présentation** *(Gegenwärtigen)* qu'est la perception retient en lui le passé en tant que tel, c'est-à-dire l'absence, et qu'il ne peut à vrai dire **présenter** la chose même que par la grâce de cette **rétention** qui constitue l'acte perceptif en "**un continuum unique, qui se modifie en permanence**" et "qui se signale par la possession de cette limite idéale" qu'est la totalité de l'objet temporel[58]. C'est cette **continuité** que Husserl pense comme "flux héraclitéen", comme pur passage météorique[59] d'un "maintenant" vivant qui prend sur lui la différence de l'impression et de la rétention et qui se précède dans sa retenue même[60].

Il ne faut donc pas s'étonner de voir qu'à cette "métaphysique du présent vivant" pour laquelle, comme pour Bergson, il y "changement sans chose qui change"[61] et modification incessante d'un flux uniquement constitué d'une "continuité de dégradés"[62], le langage vient essentiellement à manquer : "Nous ne pouvons nous exprimer autrement qu'en disant : ce flux est quelque chose que nous nommons ainsi d'après ce qui est constitué, mais il n'est rien de temporellement 'objectif'. C'est la subjectivité absolue, et il a les propriétés absolues de quelque chose qu'il faut désigner métaphoriquement comme 'flux', quelque chose qui jaillit 'maintenant', en un point d'actualité, un point-source originaire, etc. Dans le vécu de l'actualité nous avons le point-source originaire et une continuité de moments de retentissement. Pour tout cela les noms nous font défaut"[63]. Il faut en quelque sorte choisir, si on veut encore parler à ce niveau, entre une logique mondaine qui nomme indirectement le constituant d'après le constitué ou entre une métaphorique de l'inapparent qui le nomme improprement. Car ce qui fait essentiellement défaut à ce niveau de l'*Urkonsti-*

tution, c'est la transcendance de l'ob-jet, du "quelque chose en général" qui ne devient lui-même saisissable que dans et par la nomination. Ce que Husserl nomme ici "subjectivité absolue", rien n'interdit de le comprendre au sens de ce que Merleau-Ponty, dans un autre contexte, désigne comme "transcendance pure, sans masque ontique"[64] ou encore comme ce que le dernier Heidegger présente, dans cette "tentative de penser l'être sans l'étant" qu'est la conférence de 1962 intitulée *Temps et être*[65], comme l'accord de l'être et du temps dans l'*Ereignis*[66]. Mais sans doute faut-il, avant de se risquer à donner un nom, qui demeure peut-être toujours métaphorique, à l'in-objectif, savoir d'abord demeurer, comme Heidegger nous l'enjoint, dans le sans nom[67]. Car la tentative husserlienne de description du transcendantal prend la forme de la réconciliation dans l'indifférence de ces extrêmes que sont l'idéalisme et le matérialisme absolus, la constitution et l'impression[68], et la dialectique de l'impression et de la rétention par laquelle Husserl s'efforce de reconstruire le mou-

vement mélodique du réel ne livre finalement –
c'est le destin auquel est par essence vouée toute
philosophie – qu'"**une maquette ontique** de la
vérité ontologique"[69]. C'est là en fin de compte
la signature de la phénoménologie husserlienne,
qui met ainsi au jour ce qui se cachait encore
dans la parousie "logique" de l'absolu hégélien,
qu'"elle vole à l'être ce qu'aucune philosophie
ne lui avait encore volé, sa furtivité même, son
retrait, sa pudeur, sa *Gelichtetheit* "[70], par le fait
même que, par un mimétisme parfait, "elle est
parvenue à **représenter** jusqu'au silence de
l'être"[71].

Heidegger, quant à lui, s'il a vu dans la dialectique platonicienne "un embarras philosophique authentique"[72], a toujours considéré le recours à la dialectique comme une échappatoire
(Ausweg), une manière d'éluder ce qui est en
question, car le rassemblement dans une unité
plus large de contradictions qu'on a par avant
portées au plus haut laisse ininterrogés les opposés en eux-mêmes et le statut de leur rapport.
C'est pourquoi il s'agit pour lui de faire montre

de prudence *(Vorsicht)* en s'engageant dans la question du rapport de l'être et du temps[73]. C'est cette absence de précipitation et de préjugés incritiqués qui le conduit à ne poser l'*Ereignis* "ni comme un vis-à-vis, ni comme ce qui comprend et embrasse tout"[74] et donc à ne voir en lui ni un objet ni un absolu englobant, puisque "l'*Ereignis* n'**est** pas plus qu'il **n'y a** l'*Ereignis*" car "dire l'un comme l'autre signifie le renversement qui fait prendre à contresens le tenant de la question, comme si nous voulions du fleuve faire dériver la source"[75]. Peut-être n'est-ce pas un hasard si l'image qui revient ici est précisément celle, héraclitéenne, hölderlinienne et husserlienne, du fleuve et de sa source, et peut-être faut-il voir dans la dialectique, lorsqu'elle n'est plus *Verlegenheit* mais *Ausweg*, une telle *Verkehrung des Sachverhalts* qui conduit à cet **anachronisme** par lequel on reconstruit le devenir à partir de son résultat. Il n'en demeure pas moins cependant qu'une telle reconstruction mimétique n'est nullement le dernier mot d'une phénoménologie impossible, mais plutôt

ce contre quoi peut se constituer une "phénoménologie de l'inapparent".

Ce que Heidegger entend sous ce titre[76], qui
n'a qu'une valeur indicative et non pas programmatique, peut certes sembler tout d'abord tout
aussi dénué de sens et tout aussi choquant que
l'expression husserlienne d'autoconstitution, puisqu'il s'agit ni plus ni moins que de faire apparaître ce qui ne peut jamais se manifester, comme
l'être parménidien, que de manière indirecte et
par une multitude de signes négatifs[77]. Mais cet
inapparent, qu'il faut sans doute aussi comprendre comme un "insignifiant", selon la multiplicité de sens que recouvre l'allemand *unscheinbar*[78],
ne renvoie nullement à quelque invisibilité absolue, ou comme le souligne Merleau-Ponty, à un
"autre **visible** 'possible' ou à un 'possible' visible
pour un autre", mais à un "invisible qui est **là**"[79],
toujours en train d'advenir **avec** le visible dont il
est la contrepartie secrète. Ce qui implique donc
qu'avec l'étant, c'est aussi et **en même temps** l'être
qui entre en présence de manière inapparente,
ce que d'ailleurs dit bien le participe ἐόν. Car,

Heidegger a toujours insisté là-dessus, l'ἀλήθεια ne doit nullement être pensée comme un **état** déjà existant d'ouverture, une béance immobile, mais au contraire comme un rapt *(Raub)* par lequel l'étant est arraché à l'occultation[80] ou comme l'avènement *(Geschehnis)* d'une éclaircie[81] et c'est cet **événement** qu'est l'entrée en présence de ce qui entre en présence qu'il s'agit, pour une telle phénoménologie de l'inapparent, de prendre en vue. Or cette inapparence, c'est également celle de la chose qui ne se donne jamais dans la dimension du vis-à-vis et est réduite à néant *(vernichtet)* dans l'absence de proximité, qui est aussi le règne du sans-distance *(Abstandlose),* que manifeste le devenir innombrable des objets tout comme la démesure du devenir-masse des humains[82]. Si la chose, contrairement à l'objet indifférent, est ce qui nous touche et nous concerne *(das Angehende)*[83], faire (ou laisser) apparaître son inapparence ne peut justement pas résulter d'un simple changement d'attitude, c'est-à-dire d'une décision d'ordre méthodologique, mais advenir seulement lorsque "soudain *(jäh),* semble-t-il, le monde en tant que monde monde *(Welt als Welt weltet)*"[84]. L'événement du monde dont humblement *(gering)* naît la chose[85] n'est donc nullement le résultat de cette prudence méthodologique qui s'en tient aux phénomènes et s'abstient d'en donner une représentation dialectique, bien qu'il ne puisse sans doute pas avoir lieu sans son intercession. La "méthode" n'a ici que la vertu négative de préparer à l'impréparable, à ce qui, n'ayant pas lieu **sans** nous, ne jaillit pourtant pas **de** nous[86]. Ce qu'il faut par conséquent nommer chemin plutôt que méthode prend la forme de ce "pas en arrière" *(Schritt zurück)* qui a la paradoxale vertu de faire de la pensée cette "avant-coureuse" qui ne peut nous mener devant le "phénomène" que dans la mesure où son essence seulement "pro-visoire" consiste uniquement "à se laisser montrer ce devant quoi elle est conduite"[87]. Le recul est donc ici ce qui rend possible la seule véritable "avancée" : le saut dans l'**événement de la présence** – ce que Heidegger nomme parfois *Anwesung*[88] –, qui ne fait que nous amener là où nous sommes déjà, par cette répéti-

tion du même qu'accomplit la pensée tautologique, le ἐόν ἔμμεναι parménidien, pensée dans
laquelle Heidegger voit "le sens originaire de la
phénoménologie"[89].

Cette phénoménologie de l'inapparent, dont
il reste encore à montrer qu'elle s'accomplit **nécessairement** dans la tautologie en tant que celle-
ci "est le seul moyen de penser ce que la dialectique ne peut que voiler"[90], est au sens le plus
"prégnant" du terme une phénoménologie de la
temporalité, puisque ce qu'elle fait apparaître,
c'est l'insaisissabilité même du **passage** – ou saute
brusque *(Umschlag)* – de l'être à l'étant, du
monde à la chose : de cette mobilité qu'Aristote
définissait par le terme de μεταβολή[91] sans cependant déjà l'enfermer dans le geste de capture
du concept[92].

Notes

1 - "Pendant qu'un mouvement est perçu, une saisie-comme-maintenant a lieu instant par instant, et il s'y constitue la phase maintenant actuelle du mouvement lui-même. Mais cette appréhension-de-maintenant est comme le noyau vis-à-vis d'une queue de comète de rétentions ; elle est reliée aux instants présents antérieurs du mouvement." *Leçons pour une phénoménologie de la conscience intime du temps*, P.U.F., 1964, § 11, p. 45.

2 - *GA 21*, p. 200.

3 - *L'idée de la phénoménologie*, P.U.F. 1970, p. 45 et 46.

4 - "Postface à mes idées directrices", trad. de A. Kelkel, in *Revue de Métaphysique et de Morale*, n° 4, 1957, p. 372-73. Ce texte a été repris dans Husserl, *La phénoménologie et les fondements des sciences*, P.U.F., 1993, p. 173 sq. et le passage cité se trouve p. 180.

5 - *Ibid.* Notons, une fois pour toutes, que la traduction traditionnelle de l'allemand "streng" par "rigoureux" plutôt que par "strict" a comme résultat, dans ce cas comme dans beaucoup d'autres, ce que Jacques Derrida nomme "l'effacement de la langue" (*Parages*, Galilée, 1986, p. 139 sq.). Ce que le latin comprend en effet comme rigidité, inflexibilité, dureté – et toute *rigor* est plus ou moins une *rigor mortis* – les langues germaniques l'entendent plutôt comme force (*streng* qui est

le même mot que l'anglais *strong,* et qui renvoie au grec στραγγός et au latin *stringere,* a le sens de "resserré", "tendu"). Cette science rigoureuse qu'est pour Husserl la philosophie ne l'est pas en vertu de son caractère rigide et glacé, mais uniquement parce qu'elle a la force de se fonder elle-même, d'être, comme Kant le dit aussi, la *"Selbsthalterin"* , "la gardienne" de ses propres lois, au sens où elle en constitue par elle-même l'unique support. (Voir *Fondements de la métaphysique des mœurs,* Delagrave, 1959, p. 145 sq.)

6 - Husserl, en mettant l'accent sur le caractère autofondateur *(Wissenschaft aus letzter Begründung)* et ultimement autoresponsable *(aus letzter Selbstverantwortung)* ("Postface à mes idées directrices", Husserliana Band V, 1952, p. 139 ; trad. fr. p. 372) de la philosophie, demeure dans la ligne de l'idéalisme allemand qui depuis Kant voit en elle la "science" de la liberté. Cf. Hegel, *Encyclopédie des sciences philosophiques,* Vrin, 1986, Introduction de 1817, § 5, p. 156 : "La philosophie peut être considérée comme la science de la liberté, parce qu'en elle disparaît le caractère étranger des ob-jets et par là la finitude de la conscience, c'est uniquement en elle que se dissipent la contingence, la nécessité naturelle et le rapport à une extériorité en général, et par là la dépendance, la nostalgie et la crainte : c'est seulement dans la philosophie que la raison est absolument **auprès d'elle-même**."

7 - Voir le passage fameux du *Sophiste* (244 a) cité en exergue de *Sein und Zeit* qui parle de l'embarras dans lequel on est passé de Parménide à Platon à l'égard de la signification, devenue obscure, du mot ὄν.

8 - Voir, pour tout ce qui concerne la constitution de la métaphysique scolaire et l'origine du mot "ontologie" le remarquable travail que J.-F. Courtine a consacré à *Suarez et le système de la métaphysique*, P.U.F., 1990, en particulier p. 248 à 263.

9 - Cf. J. Beaufret, *Le poème de Parménide*, P.U.F., 1955, p. 48, qui oppose "la transcendance évasive qui, depuis Platon, est métaphysiquement nôtre" à "une transcendance fondative" qui n'est nulle part plus éclatante que dans le *Poème* de Parménide, dont le lieu est celui de "l'être au plus intime de la **Différence** que véhicule jusqu'à nous l'ambiguïté de plus en plus latente du mot ἐόν", différence selon laquelle "c'est au plus intime de l'ἐόν que 'naissent' les δοκοῦντα, c'est au plus intime de l'ἀλήθεια que se situe l'origine et la nécessité de la δόξα". C'est ce que Jean Beaufret nomme "l'être au plus intime de la **Différence**" qu'il va s'agir de penser ici comme une transcendance qui, dans sa fulgurance, éclate dans l'immanence même et la déchire pour la faire apparaître.

10 - Cf. *La généalogie de la morale*, Troisième dissertation, (Livre de poche, 1990) où après avoir souligné que la "bête philosophe" cherche dans l'idéal ascétique les conditions favorables à l'indépendance (§ 7) et que sans cette méprise ascétique sur elle-même, la philosophie n'aurait pas du tout été possible sur terre, Nietzsche pose la question : "Existe-t-il aujourd'hui déjà assez de fierté, d'audace, de bravoure, d'assurance, de volonté de l'esprit, **liberté de la volonté** pour que le 'philosophe' soit devenu **possible** sur terre ?" (§ 10).

On peut fort bien, avec Heidegger, penser cette véritable liberté de la volonté non comme "volonté de puissance", c'est-à-dire comme "volonté de volonté", mais comme *Gelassenheit* et laisser-être.

11 - Cf. G. Granel, *L'équivoque ontologique de la pensée kantienne*, Gallimard, 1970, p. 60 sq.

12 - Ce point, qui revient pour Husserl à montrer que Kant est dès le départ infidèle à son rappel à la finitude en laissant intact à l'intérieur de la philosophie critique un noyau d'infinitisme classique, avait été particulièrement bien mis en évidence dans le cours inédit que Jacques Derrida a fait à la Sorbonne en 1962-63 (deuxième semestre) sur "Phénoménologie, théologie et téléologie chez Husserl". Il est vrai qu'il y évoquait également la possible réponse de Kant à Husserl, l'accusant lui aussi d'oublier la finitude, qui ne peut jamais se donner elle-même que sur un horizon d'infini.

13 - A propos d'une possible mise en relation de Nietzsche et de Husserl, je me permets de renvoyer sur ce point à mes articles "Réduction et intersubjectivité" paru dans *Husserl*, collectif publié sous la direction de E. Escoubas et M. Richir , Millon, Grenoble, 1988, p. 54 et "Husserl et la neutralité de l'art" paru dans *La Part de l'OEil* , Bruxelles, 1991, p. 19 sq.

14 - Voir à ce propos mon article "Réduction et intersubjectivité", op. cit., p. 43 sq.

15 - Cf. *Méditations cartésiennes*, Vrin, 1953, p. 72 : "Celui qui comprend mal le sens de la méthode intentionnelle ou le sens de la réduction transcendantale – ou l'un ou l'autre –

peut seul vouloir séparer la phénoménologie et l'idéalisme transcendantal."

16 - Ne citons ici qu'allusivement : pour Platon, à côté du mythe du *Phèdre* et de l'allégorie de la caverne, dont la topologie renvoie à la dualité des mondes sensible et intelligible, les critiques qu'il s'adresse à lui-même dans le *Parménide* sous le nom d'"argument du troisième homme" et qui portent précisément sur une compréhension topique et spatialisante de la μέτεξις, laquelle relève indubitablement de l'opinion et non du philosopher ; pour Kant, la conjugaison d'un idéalisme transcendantal avec un réalisme empirique, provenant de la distinction explicite de l'apparence *(Schein)* et du phénomène *(Erscheinung)*, ce dernier étant lui-même, comme en témoigne une des réflexions de l'*Opus posthumum,* le **même** objet que la chose en soi, bien que considéré selon la perspective d'un autre *intuitus* ; enfin pour Hegel, bien qu'il ne soit pas pris en considération par Nietzsche, l'idée déjà exprimée avec force dans le deuxième chapitre de la *Phénoménologie de l'esprit* que le monde suprasensible, qui n'est que l'inversion du monde sensible, doit être pensé comme ne faisant substantiellement qu'un avec celui-ci, auquel il ne s'oppose que dans une représentation que l'on pourrait nommer *eikastique.*

17 - Cf. *Idées directrices pour une phénoménologie*, Gallimard, 1950, p. 69 : "Si par 'positivisme' on entend l'effort, absolument libre de préjugé, pour fonder toutes les sciences sur ce qui est 'positif', c'est-à-dire susceptible d'être saisi de façon originaire, c'est **nous** qui sommes les véritables positivistes."

18 - Cf. le manuscrit de 1934 portant le titre de "Renversement de la doctrine copernicienne" dont une traduction
française par Didier Franck a été publiée dans *La terre ne se
meut pas* (Ed. de Minuit, 1989, p. 11-29). Le mouvement
anticopernicien de ce texte peut être compris comme une
fidélité obstinée au sens de la *Fundierung* telle qu'elle est
exposée dans les *Recherches logiques* et comme un refus de ce
parachèvement de la "révolution copernicienne" kantienne
qu'est l'idéalisme absolu, lequel fête le triomphe de ce que
Husserl considère comme le mythe de la spontanéité d'un
entendement complètement détaché de la réceptivité de la
sensibilité.

19 - Fragment 60 dans la numérotation Diels-Kranz.

20 - Cf. *Recherches logiques*, op. cit., tome III, Recherche VI,
§§ 48 à 52. Si nous considérons un exemple souvent invoqué
par Husserl, celui de la perception catégoriale de la *species*
rouge, il est clair que c'est cette intuition éidétique qui donne
la possibilité de percevoir ce rouge-ci singulier **comme** rouge.
C'est pourtant cette perception singulière qui est le fondement, mais non le contenu, de l'intuition éidétique qui ne la
vise pas elle-même alors même qu'elle s'édifie sur elle, tan-
dis que par exemple dans l'acte de conjonction, qui est un
acte de synthèse, la perception singulière est reprise comme
contenu de la nouvelle objectivité catégoriale de forme
"S est p **et** q".

21 - *Prolegomena zur Geschichte des Zeitsbegriffs*, Gesammte
Ausgabe, Band 20, Klostermann, Frankfurt am Main, 1979,
p. 94 (Noté par la suite GA 20).

22 - *Περὶ Ψυχῆς*, 431 a.

23 - Cf. *Recherches logiques*, tome III, op. cit., § 44, p. 174. Husserl met ici l'imagination sur le même plan que la perception en affirmant qu'un concept "ne peut nous être donné lui-même qu'en vertu d'un acte qui nous mette sous les yeux, **tout au moins imaginativement**, une chose singulière quelconque qui lui corresponde". (Je souligne).

24 - GA 20, p. 96. Cf. *Recherches logiques*, III, op. cit., p. 220 sq.

25 - GA 20, p. 98.

26 - Cf. J. Sallis, *Délimitations, La phénoménologie et la fin de la métaphysique*, Aubier, 1990, p. 30. Une note renvoie à un livre antérieur du même auteur, *The Gathering of Reason* (Ohio University Press, 1980), consacré entièrement à la philosophie kantienne, où la même idée est exprimée : *"This turning away from the traditional distinction between the sensible and the intelligible has the character of an Aufhebung, for the distinction is unsuppressible, already reinvoked with the very speech that would banish it. It is a matter of reopening that distinction within the new conception of the sensible – or rather, a matter of establishing it, for in the assimilation of pure thought to sensible experience, the distinction has already been brought back into play within this new dimension"* (op. cit., p. 171) : "Le fait de se détourner de la distinction traditionnelle entre le sensible et l'intelligible a le caractère d'une *Aufhebung,* car cette distinction est insuppressible et toujours déjà invoquée à nouveau dans le discours même qui voudrait la bannir. Il s'agit de réouvrir cette distinction à l'intérieur d'une nouvelle conception du

sensible – ou plutôt, il s'agit de l'établir, car dans l'assimilation de la pensée pure à l'expérience sensible, la distinction a déjà été remise en jeu à l'intérieur de cette nouvelle dimension."

27 - Cf. *Critique de la raison pure*, Introduction, III.

28 - Cf. *Expérience et jugement*, P.U.F., 1970, § 65, p. 324. Voir à ce propos Jacques Derrida, *L'origine de la géométrie*, P. U.F., 1962, p. 63 sq.

29 - *Ibid.*, p. 315 sq.

30 - On a beaucoup parlé, à propos de Husserl, d'un "tournant idéaliste" coïncidant avec la découverte de la réduction phénoménologique et faisant suite à la "neutralité" du point de vue métaphysique, voire au "réalisme" des *Recherches logiques*. S'il y a "tournant", il me semble que ce ne peut-être qu'**à l'intérieur** d'un idéalisme qui se confond avec la philosophie même et ce tournant ne peut avoir le sens de l'illimitation du champ phénoménal que parce qu'il conduit à une subjectivation du phénomène et à une identification de l'égologie et de l'ontologie.

31 - Cf. *Idées pour une philosophie de la nature* (Appendice) in *Essais*, Aubier Montaigne, 1946, p. 97.

32 - *Sein und Zeit*, Niemeyer, Tübingen, 1953, p. 208.

33 - *Ibid.*

34 - Une note marginale du *"Hüttenexemplar"* (l'exemplaire de *Être et temps* que Heidegger a annoté, après 1927, dans sa 'hutte' de Todtnauberg) apposée à la phrase qui dit (*Sein und Zeit*, op. cit., p. 208) que "l'être n'est jamais explicable par l'étant" y reconnaît en effet là la "différence ontologique".

35 - Cf. *Les problèmes fondamentaux de la phénoménologie* (cours du semestre d'été 1927), Gallimard, 1985, § 5, p. 37 sq. Heidegger comprend pour sa part la réduction comme reconduction du regard de l'étant à l'être (op. cit., p. 40).

36 - Cf. *Idées directrices pour une phénoménologie*, op. cit., § 31, p. 96, paragraphe dans lequel Husserl définit la "thèse naturelle" à partir du caractère de présence *("Charakter 'da', 'vorhanden'")* attribué antéprédicativement à tout perçu.

37 - Cf. *La fin de la philosophie et la tâche de la pensée* in *Questions IV*, Gallimard, 1976, p.128, où Heidegger cite cette réflexion de Gœthe.

38 - *Sein und Zeit*, op. cit., p. 36.

39 - *Ibid.*

40 - *L'idée de la phénoménologie*, op. cit., p. 114 [12].

41 - *Ibid.*

42 - *Ibid.*

43 - *GA 20,* p. 97. Un passage d'une lettre de Husserl à Hocking du 25 janvier 1903, cité par W. Biemel dans "Les phases décisives dans le développement de la pensée de Husserl", *Husserl,* Cahiers de Royaumont, Philosophie n°III, Ed. de Minuit, 1959, p. 46, va dans le même sens : "L'expression qui revient tant de fois, que des 'objets' se 'constituent' dans un acte, signifie toujours la propriété de l'acte de *rendre représentable l'objet* ; il ne s'agit pas de 'constituer' au sens propre".

44 - *Ibid.*, p. 116. Par là se voit interdite cette simplification, trop souvent présentée comme une "évidence", en particulier en France, qui consiste à voir en Husserl un cartésien, alors que la phénoménologie, même et surtout dans sa

version "transcendantale", exige le dépassement du cartésianisme, c'est-à-dire de l'enfermement dans la sphère subjective de la "donnée indubitable", comme Husserl le revendique explicitement dans son cours de 1911. Voir Husserl, *Les problèmes fondamentaux de la phénoménologie*, P.U.F., 1991, Chapitre IV, p. 159 sq.

45 - Cf. *Sein und Zeit*, op. cit., p. 16 : "Le *Dasein*, conformément à un mode d'être qui lui appartient, a plutôt tendance à comprendre son propre être à partir de **cet** étant auquel par essence il se rapporte constamment et de prime abord, à partir du 'monde'."

46 - *Idées directrices pour une phénoménologie*, op. cit., § 85, p. 288.

47 - *Ibid.*, § 49, p. 163.

48 - *Ibid.*, § 81, p. 274-275.

49 - *Ibid.*, note de la page 275.

50 - Cf. Gérard Granel, *Le sens du temps et de la perception chez E. Husserl*, Gallimard, 1968, p.45 sq. Cette "intimité" d'une temporalité et d'une conscience "qui parviennent à rester l'une dans l'autre" est comprise non comme celle de "l'intériorité psychologique", mais comme celle même de l'Absolu.

51 - *Ibid.*, p. 73.

52 - *Leçons pour une phénoménologie de la conscience intime du temps*, P.U.F., 1964, § 39, p. 105 sq.(noté par la suite *Leçons*).

53 - *Ibid.*, p. 109. Je me permets de renvoyer à ce propos à mon article "Le temps et l'autre chez Husserl et Heidegger" paru dans *Alter*, n° 1, 1993, p. 385 sq.

54 - Cf. Kant, *Kritik der reinen Vernunft*, B 180-181 (je cite

ici *La critique de la raison pure* dans la traduction de A. Tremesaygues et B. Pacaud, P.U.F., 1963, p. 153) : "Ce schématisme de notre entendement, relatif aux phénomènes et à leur simple forme, est un art, caché dans les profondeurs de l'âme humaine et dont il sera toujours difficile d'arracher le vrai mécanisme *(Handgriffe)* à la nature, pour **l'exposer à découvert devant les yeux** *(sie unverdeckt vor Augen legen)"* (je souligne).Voir à cet égard l'analyse consacrée par Paul Ricœur à la thèse kantienne de l'invisibilité du temps dans *Temps et récit III, Le temps raconté*, Seuil, 1985, p. 68 sq.

55 - Cf. Gérard Granel, op. cit., p. 47, dont je reprends ici dans ses grandes lignes la remarquable interprétation qu'il y donne des *Leçons* de 1905, interprétation dont il souligne lui-même (p. 113) qu'elle consiste à lire Husserl en montrant comment ses questions ultimes appellent la reprise heideggérienne sans cependant s'installer pour autant dans le "lieu" heideggérien.

56 - *Ibid.*, p. 73 où est noté que Husserl revient ainsi "sur l'idée fondamentale que la philosophie dans son moment kantien a héritée de son moment cartésien, à savoir que l'Être ne nous affecte pas".

57 - *Leçons*, § 6, p. 25.

58 - *Leçons*, op. cit., § 16, passage cité par G. Granel (op. cit., p. 82) et mis en parallèle avec l'analyse du § 143 des *Ideen I* où, au niveau de l'absolu "provisoire" de la phénoménologie noétique, "la donnée parfaite de la chose est prescrite **en tant qu'Idée'** (au sens kantien)", alors qu'au niveau de l'absolu "définitif" de la phénoménologie hylétique, elle

apparaît non plus comme limite externe "prescrite", mais comme ce τέλος interne qui est aussi ἀρχή d'un continuum vivant dont rien ne se "détache".

59 - G. Granel (op. cit., p. 84) relève en ce sens l'expression "queue de comète" employé par Husserl dans le § 11 des *Leçons*.

60 - *Ibid.* : je renvoie ici aux descriptions éblouissantes des pages 86 et suivantes.

61 - Cf. "La perception du changement", *La pensée et le mouvant*, in *Œuvres*, P.U.F., 1963, p. 1381 sq.

62 - *Leçons*, p. 98.

63 - *Ibid.*, p. 99.

64 - Merleau-Ponty, *Le visible et l'invisible*, Gallimard, 1964, p. 282-283 : "L'invisible est **là** sans être **objet**, c'est la transcendance pure, sans masque ontique".

65 - "Temps et être" in *Questions IV*, Gallimard, 1976, p.13.

66 - *Ibid.*, p. 40 : "Ce qui détermine et accorde tous deux [l'être et le temps] en leur propre, et cela veut dire dans leur convenance réciproque – nous le nommons : *das Ereignis* ."

67 - Cf. *Lettre sur l'humanisme*, Aubier bilingue, 1964, p. 43 : "Mais si l'homme doit un jour parvenir à la proximité de l'être, il lui faut d'abord apprendre à exister dans ce qui n'a pas de nom *(im Namenlosen)* ".

68 - Gérard Granel, op. cit., p. 99.

69 - *Ibid.*, p. 112.

70 - *Ibid.*

71 - *Ibid.*, p. 120.

72 - *Sein und Zeit*, op. cit., p. 25 : *"eine echte philosophische Verlegenheit"*.

73 - Cf. *Temps et être*, op. cit., p. 16-17. [*Zur Sache des Denkens*, op. cit., p. 4.]

74 - *Ibid.*, p. 46 [24].

75 - *Ibid.*, p. 47 [24 : *"Das Ereignis **ist** weder, noch **gibt** es das Ereignis. Das Eine wie das Andere sagen, bedeutet eine Verkehrung des Sachverhalts, gleich als wollten wir den Quell aus dem Strom herleiten."*]

76 - Cf. "Séminaire de Zähringen" (1973) in *Questions IV*, op. cit., p. 339.

77 - *Ibid.*, p. 336 sq.

78 - *Unscheinbar* peut en effet être rendu en français non seulement littéralement par "inapparent", mais aussi par "insignifiant" au sens de "qui passe inaperçu" parce qu'ayant peu d'éclat et par conséquent n'attirant pas l'attention.

79 - *Le visible et l'invisible*, op. cit., p. 282.

80 - *Sein und Zeit*, op. cit., p. 222.

81 - Cf. "L'origine de l'œuvre d'art" in *Chemins qui ne mènent nulle part*, Gallimard, Idées, 1980, p. 59 : "Le lieu ouvert au milieu de l'étant, l'éclaircie, n'est jamais une scène rigide au rideau toujours levé et sur laquelle se déroulerait le jeu de l'étant [...] L'être-à-découvert de l'étant *(Unverborgenheit des Seienden)*, ce n'est jamais un état qui serait déjà là *(ein nur vorhandener Zustand)*, mais toujours un avènement."

82 - Cf. "La chose" in *Essais et conférences*, Gallimard, 1958, p. 216 et 218.

83 - *Ibid.*, p. 208 sq.

84 - *Ibid.*, p. 217 (traduction modifiée). Cf. *Vorträge und Aufsätze*, Neske, Pfullingen, 1959, p. 180. L'adjectif et adverbe *jäh,* dont l'étymologie est obscure, a le sens de précipité, subit, soudain.

85 - *Ibid.*, p. 218.

86 - *Ibid.*, p. 216.

87 - Cf. *Questions IV*, op. cit., p. 338-339. C'est dans la *Lettre sur l'humanisme*, op. cit., p. 172, qu'il est question du *"vorläufiges Wesen des Denkens"* qu'il faut comprendre comme la conjonction du caractère préliminaire de la pensée, qui ne repose pas sur elle-même, puisqu'elle est le don de l'être au sens verbal, avec son caractère pré-curseur qui lui vient de sa "capacité" à sauter directement dans l'être au lieu de demeurer "à la traîne" de l'étant.

88 - Voir par exemple "Vom Wesen und Begriff der Physis" in *Wegmarken,* Klostermann, Frankfurt am Main, 1967, p. 311 sq. Trad. fr. in *Questions II*, Gallimard, 1968, p. 211 (voir la note du traducteur).

89 - *Questions IV*, op. cit., p. 338.

90 - *Ibid.*, p. 339.

91 - *Wegmarken*, op. cit., p. 319. Voir la longue note du traducteur dans *Questions II*, op. cit., p. 193 sq.

92 - *Ibid.*, p. 339 : "Dans concevoir, en effet, il y a le geste d'une capture. L'ὁρισμός grec au contraire entoure tendrement ce que le regard prend en vue ; il ne conçoit pas."

LOGIQUE ET MÉTAPHYSIQUE

> *"Die wirkliche Gegenwart der Synthesis muss*
> *gleichsam immateriell in der Sprache sich*
> *offenbaren, man muss inne werden, dass sie, gleich*
> *einem Blitze, dieselbe durchleuchtet und die zu*
> *verbindenden Stoffe, wie eine Glut aus unbekannten*
> *Regionen, ineinander verschmolzen hat."* [1]
>
> Humboldt

L<small>A</small> "CONSTRUCTION" d'une chronologie phénoménologique, qui va de pair en 1926 avec la "reconduction" de la logique traditionnelle à ses
sources philosophiques et qui aboutit, dans la dernière phase de la pensée de Heidegger, à la promotion de cette forme de "sigétique"[2] qu'est la pensée
tautologique, comprend en elle-même la tâche

d'une "déconstruction"³ de la domination de la logique dans le mode philosophique de pensée, tâche qui se confond avec celle de la "destruction" phénoménologique de l'histoire de l'ontologie que Heidegger s'assignait en 1927. Il est déjà explicitement indiqué dans le § 6 de *Sein und Zeit* que "le λέγειν sert de fil conducteur qui permet de conquérir les structures d'être de l'étant qui fait encontre dans nos interpellations *(Ansprechen)* et nos débats *(Besprechen)*", ce qui explique que l'ontologie antique prenne d'abord la forme, chez Platon, de la dialectique. Il est vrai que dans la suite de ce même passage du § 6, Heidegger semble considérer que l'élaboration ultérieure de la dimension herméneutique du λόγος chez Aristote constitue une radicalisation⁴ de la dialectique qui se voit ainsi installée sur le fondement d'un λέγειν compris moins comme διαλέγεσθαι, c'est-à-dire comme ce pouvoir de discourir avec ses semblables qui caractérise l'homme en tant que ζῷον λόγον ἔχον, que comme la pure "présentation" de quelque chose, sans que cependant la structure temporale de ce λόγος soit explicitement reconnue comme telle. C'est ce qui explique que la reconnaissance d'une dimension herméneutique du λόγος comme fondement de sa "vertu" dialectique ne nous fasse cependant pas sortir de l'étroitesse de l'ontologie grecque qui demeure une ontologie de la *Vorhandenheit,* c'est-à-dire de la présence **déjà** advenue, de la présente**té** *(Anwesenheit),* et non pas de l'**événement** de la venue en présence *(Anwesung).* Car le temps lui-même y est considéré comme un étant parmi d'autres et ignoré dans sa fonction ontologique, comme l'atteste le traité d'Aristote sur le temps *(Physis IV,* 10-14) que Heidegger se proposait de choisir, dans la deuxième partie de *Sein und Zeit,* comme l'exemple permettant de discerner ce qui constitue la base phénoménale **et** les limites de l'ontologie antique. Car, à l'étroitesse de l'ontologie antique, qui est une ontologie naïve[5] au sens où elle naît de la "déchéance" d'un être-dans-le-monde qui s'ignore "de prime abord" et "le plus souvent" comme tel et a "naturellement" tendance à se comprendre lui-même à partir du

monde compris comme ensemble des choses pré-
sentes[6], s'ajoute la domination de la tradition,
qui constitue pour ainsi dire une seconde "déchéance" aggravant la naïveté première en ce
qu'elle coupe celle-ci de ses racines historiales et
réduit l'ontologie grecque à un pur et simple
"matériau" historiographique[7]. La "déconstruction", telle que l'entend Heidegger, comprend
donc une double tâche : d'abord "rendre à la
tradition sclérosée sa souplesse" et "éliminer les
couches successives dont elle s'est recouverte avec
le temps" afin de revenir aux "expériences origi-
nelles" dont elle est issue[8], mais aussi, et c'est là
l'aspect **positif** de la *Destruktion,* faire apparaître
les limites de celles-ci à l'égard de la problématique de la *Temporalität* de l'être. C'est dans le cadre de la première de ces tâches que Heidegger,
dans le § 7 b de *Sein und Zeit,* consacré à l'exa-
men du concept de λόγος, vise à retrouver un
sens originairement apophantique de celui-ci qui
n'en fait précisément pas le lieu premier de la
vérité[9]. Ce qu'il va donc s'agir d'expliquer à partir
de là, c'est comment le λόγος ἀποφαντικός va

pouvoir devenir "**le** domaine normatif qui deviendra le lieu d'origine des déterminations de l'être" de sorte que "le but de toute ontologie (soit) une théorie des catégories"[10]. Or on ne peut rendre compte de ce statut normatif du λόγος qu'à partir de la "sédimentation"[11] de l'historial en historique, c'est-à-dire de ce processus que Heidegger nomme pour sa part déracinement *(Entwurzelung),* par lequel, anachroniquement, le **résultat** d'un acte (le découvrement de l'être dans le λόγος) devient le point de départ inquestionné *(selbstverständlich)* d'une nouvelle élaboration[12].

Parce qu'à l'anachronisme historique ne peut répondre que l'anamnèse historiale, la démarche "déconstructive" heideggérienne prend nécessairement le caractère d'une rétrocession *(Rückgang)* qui reconduit l'énoncé apophantique, traditionnellement considéré comme constituant le lieu où advient et où peut être préservée la vérité, à la dimension existentiale herméneutique où il trouve son origine. Il faut cependant souligner que ce retour du niveau

apophantique au niveau proprement herméneutique n'apparaît à cette époque comme une reconduction du langage au discours que parce
que le langage est encore lui-même compris
anachroniquement par Heidegger comme la
somme des mots *(Wortganzheit)* et comme l'extériorisation orale du discours *(Hinausgespro-
chenheit der Rede)*[13] et non pas comme ne faisant qu'un avec l'éclaircie elle-même. Car il ne
suffit pas de dire qu'"à partir des significations
naissent des paroles" pour éviter de considérer
les mots comme des choses pourvues après coup
de significations[14], puisque l'antériorité d'une
articulation silencieuse des significations n'en a
pas moins été posée, que le langage, qui constitue la mondanéité du discours, a simplement
alors pour fonction d'exprimer[15]. La distinction
que fait Heidegger entre le niveau existential du
discours et le niveau mondain du langage est en
fait encore tributaire de la conception même du
langage qu'il se propose de mettre en question
lorsqu'il rappelle que "les Grecs n'avaient pas
de mot pour le langage" puisque "ils compre-

naient 'd'emblée' ce phénomène comme dis-cours"[16]. Il faut en effet souligner que toute une problématique de la significativité *(Bedeut-samkeit)* a été développée dans le cadre de l'ana-lyse de la mondanéité[17], où le *Bedeuten,* qui doit être compris comme un signifier "actif" du *Dasein* à l'égard de lui-même[18], constitue la con-dition de possibilité des "significations" dont Heidegger dit alors explicitement qu'elles "fon-dent, à leur tour, l'être possible de la parole et du langage"[19]. Loin d'adopter le point de vue d'un "parallélisme logico-grammatical" qui voit dans les catégories de la logique traditionnelle le reflet des structures grammaticales d'une lan-gue déterminée, le grec, Heidegger se propose au contraire de "libérer la grammaire de la logi-que" et de reconstruire la linguistique sur un fondement ontologique plus originel[20]. Car le λόγος (c'est-à-dire l'articulation sémantique et l'articulation phonétique vues à partir de leur unité référentielle) a été identifié du point de vue philosophique à l'énoncé apophantique et la théorie du langage qui s'est constituée ultérieurement s'est construite sur cette étroite base "logique". Or cette "logique", comme Heidegger le souligne, "se fonde sur une ontologie de l'étant pré-sent"[21] qui a **détaché** l'énoncé apophantique de l'événement herméneutique dont il est le résultat et l'a pourvu d'une existence **séparée**, celle d'une structure phonético ou grammatico-sémantique fixe, dont il s'agit alors de déterminer les lois internes. C'est à partir de là que la proposition peut être comprise comme "lieu" d'une vérité qui elle-même n'a plus le sens du "découvrement" de l'étant maniable *(Zuhandenen),* mais seulement de la "conformité pré-sente d'un étant pré-sent, l'énoncé prononcé, **à** un autre étant pré-sent, l'étant dont il est parlé", c'est-à-dire de "l'accord pré-sent de deux étants pré-sents"[22].

Mais pour se libérer de cette interprétation "logiciste" de l'être du langage, qui va en quelque sorte atteindre son apogée avec la théorie de ces "entités mythiques" que sont les "propositions en soi" de Bolzano[23] et être à l'origine de la théorie moderne de la vérité comme vali-

dité (Lotze) et valeur (Rickert), il est nécessaire
– c'est là du moins la position de Heidegger en
1927 – de procéder avant tout à une analyse de
la structure existentiale qui est à l'origine de cette
unité de la double articulation phonétique et
sémantique que les Grecs ont nommée λόγος.
Or cette analyse a lieu non pas directement sur
le terrain du discours, existential qui ne renvoie
pas à une ekstase temporelle particulière[24], mais
sur celui de cet existential fondamental qu'est la
compréhension, qui renvoie à l'ekstase de l'avenir. Car si le discours est bien défini comme
"l'articulation de la compréhensibilité"[25], l'articulation elle-même définit le mouvement du
comprendre dans son caractère proprement pro-
jectif. C'est celui-ci qui assure au *Dasein* la vue
(Sicht) sur l'étant, sur l'autre *Dasein* et sur son
propre être qui caractérise cet état d'ouverture
du là qu'est le *Dasein*. C'est pourquoi voir dans
l'articulation un *Urphänomen* revient à "retirer
sa primauté au pur intuitionner qui correspond,
sur le plan noétique, à la primauté ontologique
traditionnelle de l'étant présent"[26]. Cela impli-

que, comme Heidegger le souligne, que la distinction (kantienne) de l'intuition et de la pensée soit elle-même dérivée de l'existential de la compréhension et n'ait de sens que dans le cadre restreint d'une ontologie de la *Vorhandenheit*[27]. Il est vrai que le phénomène même de l'articulation ne devient visible que dans ce "développement" de la compréhension qu'est l'*Auslegung,* l'explicitation qui ex-pose l'étant **comme** tel ou tel, mais celle-ci ne constitue que l'appropriation de ce qui est compris et donc le devenir elle-même de la compréhension[28], et en outre, elle se confond avec la "simple vue antéprédicative de l'étant maniable"[29]. C'est donc la vue qui est déjà en elle-même compréhensive, car l'explicitation ne consiste pas à jeter sur la nudité de l'étant présent le vêtement d'une signification et à y accoler une valeur, mais elle possède au contraire une "fonction spécifique d'ouverture"[30], ce qui implique que l'articulation qu'elle instaure de l'étant maniable dans son rapport au *Dasein* n'a jamais pour point de départ "la saisie sans présupposé d'un donné préalable"[31]. C'est cette articulation de l'étant par rapport à son être pour le *Dasein,* que Heidegger comprendra par la suite sous le nom de différence ontologique, qu'il définit dans le § 32 comme **sens** : "Quand l'étant intramondain est découvert avec l'être du *Dasein,* c'est-à-dire quand il est venu à la compréhension, nous disons qu'il a du **sens**. Pourtant, ce qui est compris, c'est, strictement, non pas le sens, mais l'étant ou l'être. Le sens est ce en quoi se tient la compréhensibilité de quelque chose. Ce qui est articulable dans l'ouverture compréhensive, nous le nommons sens"[32]. Il n'y a donc de sens que pour un *Dasein,* ce qui ne veut pourtant pas dire que celui-ci en est l'ordonnateur souverain, car comme celle du langage, l'origine du sens est inassignable[33], puisqu'il n'est rien d'autre que la "postulation", toujours découverte de manière rétrospective, d'un horizon à partir duquel la saisie en retour de l'étant **comme tel** devient possible. Ce que Heidegger nomme ici *Artikulation,* ne renvoie à rien d'autre qu'à cette "circulation" qui mène d'un futur antérieur "horizontal" à la "verticalité" de la présence, laquelle circularité constitue aussi le sens "temporel" du transcendantal[34]. C'est ce "cercle" du comprendre qui, dans ce mode **dérivé** de l'explicitation qu'est l'énoncé, se voit modifié de telle sorte qu'il constitue alors la structure formelle, synthétique-diérétique, de l'articulation prédicative-déterminante. Car déterminer, c'est **restreindre** la vue compréhensive et voiler *(abblenden)* l'étant déjà manifeste afin de le poser comme "sujet" seulement présent pour ensuite, par la position du "prédicat", le dévoiler *(entblenden)* **en** ce en quoi il est manifeste[35]. Par cette modification, l'*Alsstruktur* se voit "coupée de la significabilité, qui constitue la mondanéité du monde ambiant" et "repoussée au plan uniforme de l'étant simplement présent"[36]. Or le λόγος lui-même dans lequel a lieu l'articulation prédicative-apophantique est considéré du point de vue philosophique comme un étant présent. C'est la raison pour laquelle, lorsque l'origine existentiale de l'articulation demeure voilée, la structure synthético-diérétique de l'énoncé est comprise de manière formelle comme liaison et/ou séparation de concepts dans la logique classique et comme pur système de relations dans le calcul logistique[37]. La "logique" est ainsi entièrement dérivée de l'ontologie de la pré-sence et elle trouve en quelque sorte sa culmination dans l'"ontologie formelle" husserlienne pour laquelle être ne signifie plus que l'être-quelque-chose formel[38].

Près de vingt ans plus tard, dans la *Lettre sur l'humanisme*, Heidegger voit plus précisément dans la "logique" "la sanction, qui commence avec la sophistique et Platon" de "l'interprétation technique de la pensée, dont les origines remontent jusqu'à Platon et à Aristote", car "chez eux, la pensée elle-même a valeur de τέχνη, ce procédé de la réflexion au service du faire et du produire"[39]. Ce que Heidegger entend maintenant par "logique" (les guillemets sont de lui), ce n'est plus seulement cette "invention des maîtres d'écoles et non point des philosophes"[40]

que l'on doit aux élèves de Platon et d'Aristote, et non à Aristote lui-même, mais la réparation[41] proprement philosophique du "sacrifice", opéré par la sophistique, de cet "élément de la pensée" qu'est l'être[42]. Il ne s'agit plus seulement de "libérer la grammaire de la logique", mais bien de libérer le langage de la grammaire "pour le reconduire à un ajointement plus originel de son être" *(in ein ursprünglicheres Wesensgefüge),* tâche qui est "dévolue à la pensée et à la poésie"[43]. Car Heidegger, comme il le déclarera plus tard dans son cours de 1951-52 sur *Qu'appelle-t-on penser ?,* a été amené, "depuis le cours 'Logique', tenu dans l'été de 1934" à comprendre que "sous ce titre de 'Logique' se cache 'la transformation de la logique en la question de l'**être** du langage', laquelle question est autre chose que la philosophie du langage"[44]. Maintenant en effet "logique" et "grammaire" sont explicitement considérées comme deux formes de la métaphysique, laquelle s'est, en Occident, emparée très tôt de l'interprétation du langage[45]. Il ressort de toutes ces déclarations que ce que Heidegger nomme "la métaphysique" ne peut que renvoyer à l'avènement d'une instrumentalisation de la pensée et du langage qui se confond avec la "chute" de ceux-ci hors de l'élément qui les fait "proprement" être[46]. Or en 1929, à l'époque où Heidegger reconnaissait avec Kant que la métaphysique constitue la nature de l'homme, il distinguait déjà de cette métaphysique proprement dite la métaphysique traditionnelle qui ne pense pas la différence ontologique[47]. C'est cette métaphysique "inauthentique" qui, mise plus nettement en rapport avec le processus de scolarisation de la pensée devenue θεωρία[48], reçoit seule, dans la pensée heideggérienne d'après la *Kehre,* le nom de "**la** métaphysique"[49].

Si donc Heidegger, dans la dernière phase de sa pensée, semble se situer "par delà" logique et philosophie, et en appeler au dialogue de la pensée et de la poésie, c'est parce qu'il voue ses efforts "à remettre la pensée dans son élément"[50]. Or cet élément, c'est l'être et non pas l'étant, ou plus exactement l'être dans sa **différence** d'avec l'étant, telle qu'elle est déjà nommée dans le double sens du mode participe de l'ἐόν parménidien, alors que ce que Heidegger nomme "la métaphysique" peut au contraire être considérée comme "l'obscurcissement permanent de la question de l'être par la curiosité qui s'attache à l'étant", "la sédimentation toujours croissante des significations nominales du participe de base" n'ayant "cessé d'obscurcir le rayonnement primitif de sa fulguration verbale"[51]. Ainsi ramener la pensée à son propre, loin d'établir une quelconque sécurité pour celle-ci en l'attachant à une certitude ontique, consiste au contraire à l'exposer à "l'orage de l'être" et à la foudre de l'événement[52]. Or cet événement est avant tout celui, vu à partir et dans le langage de la métaphysique, de la **différence** de l'être et de l'étant[53]. Car pour la métaphysique, l'être se dévoile "comme le fond qui se produit lui-même comme fond *(sich selbst ergründende)* et se fonde lui-même en raison *(sich selbst begründende)*", comme "le λόγος entendu au sens de ce qui rassemble et laisse s'étendre-devant ", c'est-à-dire comme l'un et le tout, comme Ἕν Πάντα[54] :

c'est là ce que Heidegger nomme la *Vorprägung,*
le pré-marquage ou la pré-empreinte de l'être[55]
à partir de laquelle advient chacune des em-
preintes historiales en dehors de l'événement
époqual desquelles il n'est rien[56]. C'est cette *Vorprägung* de l'être par le λόγος qui est à l'origine
du dimorphisme de la métaphysique, à la fois
ontologie et théologie[57] parce que pensée de l'être
à la fois comme généralité produisant le fond et
traversant toutes choses **et** comme totalité uni-
fiée de ce qui fonde en raison et est ainsi le plus
haut. "La" métaphysique, ce n'est donc rien
d'autre que le dévoilement de l'être sous l'empreinte doublement unifiante du λόγος, c'est-
à-dire cette "fondation qui rend compte du fond,
qui lui rend raison par le discours et qui finalement lui demande de s'expliquer comme discours"[58].

Ainsi c'est paradoxalement parce qu'elle est
dominée par cette pensée de l'Un[59] qu'est la "logique" que la métaphysique prend la double
forme d'une onto-logique et d'une théo-logi-
que[60]. Car cette logique qu'est la métaphysique

pense l'être **de** l'étant, au double sens, "objectif" et "subjectif" du génitif, termes qui résul-
tent eux-mêmes déjà de l'empreinte logique de
l'être[61], ce qui signifie qu'elle pense le différent
(das Differente) et non pas la différence elle-
même[62], laquelle n'apparaît plus que comme une
distinction surajoutée par notre représentation
à des termes posés comme séparés, et non pas
comme cet "entre-deux" à partir duquel l'être
aussi bien que l'étant apparaissent[63]. Car l'être
et l'étant ne sont pas dans des lieux séparés, mais
c'est l'être lui-même qui se change en l'étant par
un mouvement de **transcendance** qui est en
même temps celui de l'arrivée de l'étant dans la
présence. Ce qui implique qu'ils sont le **même**,
dans l'intime intensité de l'événement d'une scission par laquelle ils sont à la fois écartés l'un de
l'autre et rapportés l'un à l'autre[64]. C'est pourquoi lorsque l'être et l'étant sont pensés à partir
de la différence, ils se montrent à nous, à partir
de cette dimension **distributive** et **gestatrice** que
Heidegger nomme *Austrag*[65], comme l'écart et le
rapport mutuel de la sur-venue *(Überkommnis)*

et de l'arrivée *(Ankunft)*. C'est cette dimension "transversale" *(durchgängig)* par rapport à toutes les "époques" de l'être qui nous permet de comprendre que la constitution onto-théologique de la métaphysique procède du règne de la différence dont proviennent les termes d'"être" et d'"étant", de "fond" et de "fondé". Mais ces termes recteurs de la métaphysique n'atteignent pas eux-mêmes à cette dimension trans-époquale qui n'apparaît que lorsque, par "l'éclair subit d'une pensée qui se souvient", nous laissons, dans le dire de l'*Austrag,* ce qui a été venir à la parole[66]. C'est précisément ce **laisser venir à la parole** qui, par opposition à la domination exercée par la métaphysique sur le langage sous la forme de la logique et de la grammaire[67], constitue toute la difficulté : car "nos langues occidentales, chacune à sa façon, sont des langues de la pensée métaphysique" et la question demeure posée de savoir si cette "empreinte" logique de l'être de nos langues est définitive ou si elles permettent "d'autres possibilités du dire, c'est-à-dire en même temps du non dire disant"[68]

– si en d'autres termes nos langues peuvent, de langues du différent, devenir des langues de la **différance comme telle**, c'est-à-dire du même[69].

Que l'empreinte logique sur l'être de la langue allemande ne soit pas définitive et qu'il soit possible de reconduire celle-ci à un ajointement plus originel de son être, toute l'œuvre de Heidegger après la *Kehre* en est par elle-même l'attestation, puisqu'il s'est alors constamment agi pour lui, non seulement de "traduire" en allemand les mots recteurs de la philosophie[70], mais, ce faisant, de préparer une "métamorphose" de la langue qui ne se produise plus, comme c'était encore le cas à l'époque de *Sein und Zeit*, par la fabrication de nouveaux termes[71], mais uniquement par l'instauration d'un autre rapport à la langue[72] que celui qui voit en elle l'instrument, de constitution double, de cet être ambigu qu'est le ζῷον λόγον ἔχον, l'homme au sens de la métaphysique. Car la représentation métaphysique de la langue voit en celle-ci un étant constitué lui aussi de l'union d'un sensible, l'élément phonétique, et d'un supra-sensible, le sens en tant qu'il excède le niveau simplement sensible de l'élément phonétique[73]. Cette représentation métaphysique de l'essence du langage constitue certes encore le cadre de la définition humboldtienne de la langue comme "**travail, se répétant éternellement, de l'esprit** pour rendre le **son articulé** apte à exprimer la **pensée**"[74], mais c'est pourtant chez Humboldt qu'on trouve l'idée d'une métamorphose de la langue qui ne passerait ni par la transformation de ses sonorités, ni par celle de ses formes et lois syntaxiques, mais qui serait uniquement en elle **l'œuvre inapparente du temps,** par laquelle "dans le même habitacle un autre sens est placé, sous la même empreinte *(Gepräge)* quelque chose de différent est donné, selon les mêmes lois de liaison un cours d'idées autrement échelonné est indiqué"[75].

Humboldt est en effet le premier dans la tradition occidentale[76] à voir dans la langue non "un simple moyen d'échange en vue de la compréhension mutuelle", mais "un vrai **monde** que l'**esprit** doit nécessairement poser entre lui et les **objets** par le travail interne de sa force"[77]. Le travail, c'est-à-dire l'essence même de l'esprit qui n'est qu'activité, est certes, comme y insiste Heidegger, défini ici, en conformité avec la perspective qui est celle de l'idéalisme allemand tout entier, comme un *Setzen,* une θέσις, qui joue le rôle de médiation et opère ainsi cette synthèse du sujet et des objets qu'est le monde. Mais son appartenance à la modernité, et à la métaphysique de la subjectivité qui caractérise cette époque, n'empêche cependant pas Humboldt, comme le reconnaît Heidegger lui-même, de jeter un regard pénétrant jusqu'au cœur du déploiement de l'être de la langue[78], puisqu'il ne pense jamais cette médiation comme postérieure aux "réalités" préexistantes du sujet et des objets, mais au contraire comme ce rapport qui constitue par lui-même les pôles objectif et subjectif. Car Humboldt insiste sur le fait que, loin de provenir d'un "acte" réfléchi de l'homme, la langue possède au contraire "une spontanéité

(Selbstthätigkeit) qui se manifeste visiblement à nous bien qu'elle soit, dans son être, inexplicable", car, jaillissant "d'une profondeur de l'humanité qui nous interdit à jamais de la considérer comme un propre ouvrage et une création des peuples", il faut voir en elle "non un produit de l'activité, mais une émanation involontaire de l'esprit, non une œuvre des nations, mais le don que leur a imparti leur destin interne" car "elles s'en servent sans savoir comment elles l'ont formée"[79].

Ce monde qui est "posé" entre le sujet et les objets, ce n'est donc que dans l'après coup d'un regard réflexif qu'il peut apparaître dans sa singularité contingente de création "intersubjective", puisqu'elle fut celle d'un esprit encore inconscient de lui-même dont l'auto-activité doit paradoxalement être comprise comme la passivité d'une épanchement "involontaire"[80]. Ce qui est ainsi entrevu, c'est la foncière **temporalité** de ce que l'idéalisme allemand pense sous les termes de "position" et "synthèse". Or cette "synthèse", dans la mesure où elle advient comme langue – c'est-à-dire comme parole, *Sprache,* puisque l'allemand nomme à partir du verbe *sprechen,* parler, ce qu'en français, comme en grec, en latin, et en anglais on nomme à partir de l'organe de la phonation, langue, γλῶσσα, *lingua, language*[81] – est celle du son et de la pensée dont Humboldt célèbre dans des pages d'une grande beauté "l'accord mutuel"[82]. Ce qui caractérise en effet sa conception de la *Sprache,* c'est l'accent mis sur le caractère originairement corporel de l'articulation qui est comprise comme reposant sur "le pouvoir exercé par l'esprit sur les organes de la parole pour les contraindre à un maniement de l'élément phonétique qui corresponde à la forme de son action"[83]. Car la *Sprache* est considérée par Humboldt, dans la perspective de ce principe spéculatif du romantisme qu'est l'organicisme[84], comme "l'organe qui donne forme à la pensée", c'est-à-dire comme ce qui, par l'intermédiaire de l'élément phonétique *(Laut),* confère à "l'activité intellectuelle transitant de manière complètement spirituelle, complètement intérieure et pour ainsi

dire sans laisser de traces"[85] l'extériorité maté-
rielle et la phénoménalité sensible. L'articulation
de la voix *(Stimme)* en son linguistique *(Sprachlaut)* est donc ce qui donne corps au temps, rend
extérieur l'intérieur et matériel le spirituel. Car
s'il est vrai que Humboldt comprend la langue
à la fois à partir de la bouche et de l'oreille, voyant
en elle le mouvement de "l'aspiration spirituelle
se frayant la voie à travers les lèvres" et "faisant
retour à l'oreille propre sous la forme de ce qu'elle
a produit"[86] et s'il célèbre "l'organisation heu-
reuse de l'ouïe et des organes de la parole"[87], il
n'en demeure pas moins que l'articulation, en
tant que constituant "l'être propre du langage",
doit être comprise dans sa naissance et non dans
son résultat[88], c'est-à-dire en tant que, disjointe
de sa réception auditive[89], elle est une pure activité formatrice originaire qui se confond avec
l'intention et la capacité de signification[90]. Articulation sémantique et articulation phonétique
ne peuvent donc n'être distinguées que de manière abstraite, puisque "l'alliance indissoluble
qui lie la pensée, les organes vocaux et l'ouïe à la

langue repose immuablement sur l'organisation (*Einrichtung*) originaire de la nature humaine qui n'est pas elle-même susceptible d'être expliquée"[91].

C'est donc la "résonance vivante" de la voix, telle qu'elle jaillit de la poitrine humaine, qui "par des actes incessammment répétés, noue ensemble en elle-même le monde et l'homme, ou, en d'autres termes, sa spontanéité et sa réceptivité"[92]. Il apparaît clairement ici que Humboldt aperçoit l'effectivité de cet "art caché" qu'est le schématisme kantien dans l'articulation de la φωνὴ σεμαντική elle-même. Pourtant cette synthèse de la forme linguistique interne et de l'élément phonétique qui apparente si décisivement la langue à un art[93], n'est ni une qualité existante, ni une action déterminée, elle est plutôt "un agir effectif toujours transitoire et instantané" qui ne se décèle par aucun signe particulier à même les mots. C'est pourquoi Humboldt la compare dans son immatérialité à un éclair qui illumine la langue et qui, "comme un feu venu de régions inconnues a

fondu l'un dans l'autre les matériaux à com-
biner"[94]. Cet "acte de synthèse positionnelle"
(Act des synthetischen Setzens), à la différence
de la synthèse cognitive kantienne qui, par le
biais de la réceptivité de la sensibilité, reste
dans la dépendance d'une objectivité **extérieure**, est un "acte de position spontanée par
concentration" (*Act des selbstthätigen Setzens
durch Zusammenfassung*) qui, se répétant constamment dans la langue, produit pour lui-
même sa propre objectivité dans la matérialité
du son articulé : "L'esprit crée, mais s'oppose
(stellt gegenüber) **par le même acte** ce qu'il a
créé et le laisse, en tant qu'objet, réagir *(zurück-
wirken)* sur lui. Ainsi naît, à partir du monde
se réfléchissant en l'homme, entre l'un et
l'autre, ce qui les rattache l'un à l'autre et fé-
conde l'un par l'autre : le langage"[95]. C'est cette
réaction sur soi-même d'une spontanéité créatrice qui permet à Humboldt de définir, en un
sens plus authentiquement aristotélicien que
ne le pense Heidegger[96], la langue comme
ἐνέργεια, c'est-à-dire comme activité ayant son

"produit" en elle-même, mais capable **en même temps** de se l'opposer, dans une réitération infinie et par une césure rythmique qui se marque à même les mots dans les langues flexionnelles, comme son autre[97]. Car "il y a en effet des points, dans la structure grammaticale des langues, dans lesquels cette synthèse et la force qui la produit viennent pour ainsi dire à la lumière de façon plus nue et plus immédiate"[98]. Et parmi les trois "points" qui permettent de reconnaître la vigueur de l'acte synthétique, le verbe, la conjonction, le pronom relatif, "le verbe est à lui seul le point central qui renferme et répand la vie" alors que "tous les autres termes de la phrase sont un matériau pour ainsi dire mort, en attente de liaison", car avec lui, la synthèse du prédicat avec le sujet passe de la simple pensée à l'effectivité d'un processus réel : "On ne pense pas seulement le foudroiement de l'éclair, mais c'est l'éclair lui-même qui frappe ici ; on ne se contente plus de rapprocher pour les réunir l'esprit et l'impérissable, mais l'esprit est l'impérissable. La pensée, si l'on peut s'exprimer de façon aussi figurée, quitte avec le verbe sa demeure intérieure et fait son entrée dans l'effectivité du réel"[99].

Notes

1 - W. von Humboldt, *Über die Verschiedenheit des menschlichen Sprachbaues und ihren Einfluss auf die geistige Entwicklung des Menschengeschlechts* (1830-1835) op. cit., Band VII, 1, p. 212-213. Trad. fr. in *Introduction à l'œuvre sur le kavi*, Seuil, 1974, p. 366 : "La présence réelle de la synthèse doit se manifester de façon en quelque sorte immatérielle au sein de la langue : il faut bien réaliser que, tel un éclair, elle illumine celle-ci et que, comme la foudre venue de régions inconnues, elle a opéré la fusion mutuelle des matériaux à mettre en contact " (traduction modifiée).

2 - Voir *Beiträge zur Philosophie*, Klostermann, Frankfurt am Main, 1989, § 37, p. 78-79, paragraphe intitulé "Das Seyn und seine Erschweigung (die Sigetik)" dont est ici donnée une traduction provisoire :

" La question fondamentale : **comment se déploie l'Être** *[wie west das Seyn]?*

La taciturnité explicite *[die Erschweigung]* est la légalité réfléchie du faire silence *[Erschweigens]* (σιγᾶν). La taciturnité explicite est la 'logique' de la philosophie, dans la mesure où celle-ci pose, à partir du nouveau commencement, la question fondamentale. Elle cherche la vérité de **l'événement du déploiement** de l'Être *[**Wahrheit der Wesung** des Seyns]*, et cette vérité est l'occultation qui fait signe et qui retentit *[die winkend-anklingende Verborgenheit]* (le secret) de l'*Ereignis* (le dédire hésitant) *[die zögernde Versagung]*. Nous ne pouvons pas dire immédiatement l'être lui-même au moment même où il jaillit dans le saut. Car tout dire vient de l'être et parle à partir de sa vérité. Toute parole et ainsi toute logique sont sous la domination de l'être. L'essence de la 'logique' (voir le cours du semestre d'été 1934) est par conséquent la sigétique. C'est seulement en elle que l'essence du langage accède à la compréhension. Mais 'sigétique' n'est qu'une rubrique pour ceux qui pensent encore en 'disciplines' *(Fächern)* et ne croient posséder un savoir que lorsque ce qui est dit y est classé".

Heidegger renvoie par une note à la fin du cours du semestre d'été 1937 sur Nietzsche où il est dit que "Le dire pensant le plus élevé consiste à ne pas simplement taire *(verschweigen)* dans le dire ce qui est proprement à dire, mais à le dire de telle sorte qu'il soit précisément nommé dans le non-dire. Le dire en tant que faire silence *(Erschweigen)*" (GA Band 44, 1986, p.233). Il ressort de ces deux textes qu'il ne s'agit nullement de se taire, mais bien de **faire** advenir le silence dans la parole : c'est là le sens "performatif" de *Erschweigen*.

3 - Je me permets de renvoyer ici à mon article "La destruction heideggérienne de la logique", in F. Dastur et C. Lévy (éds), *Etudes de philosophie ancienne et Phénoménologie*, Cahiers de Philosophie de Paris XII-Val de Marne, n° 3, L'Harmattan, 1999, pp. 335-356.

4 - *Sein und Zeit*, op. cit., p. 25. Heidegger dit ici d'Aristote qu'il n'avait plus de compréhension de la dialectique, parce

qu'il la plaçait selon un mouvement d'*Aufhebung* sur un sol plus radical : *"weil er sie auf einen radikaleren Boden stellte und* **aufhob***"* (Je souligne). Ce dernier mot est rigoureusement intraduisible, car il ne peut signifier en cette place, tout comme chez Hegel, que la simultanéité d'une abolition, d'une conservation et d'une élévation *(tollere, conservare, elevare)*. Voir à ce propos *"La Phénoménologie de l'esprit"* de Hegel, cours du semestre d'hiver 1930-31, GA 32, Gallimard, 1980, p. 63, ainsi que *Hebel, der Hausfreund*, Neske, Pfullingen, 1965, p. 11.

5 - Terme qui est associé par Heidegger à celui d'"inexplicite" pour caractériser l'orientation temporelle de la compréhension grecque de l'être.

6 - Je tente de traduire par cette graphie le *vorhanden* allemand. Voir à ce propos les notes 2 et 7, p. 122 et 124 de mon livre, *Heidegger et la question du temps*, P.U.F., 1990.

7 - Cf. *Sein und Zeit*, op. cit., p. 21-22.

8 - *Ibid.*, p. 22.

9 - *Ibid.*, p. 33.

10 - *Introduction à la métaphysique*, P.U.F., 1958, p. 201 (traduction légèrement modifiée).

11 - On peut en effet utiliser ici le vocabulaire husserlien et sa métaphorique géologique, puisqu'il s'agit toujours, avec Heidegger aussi – du moins avant le "tournant" –, comme déjà avec Hegel, de rendre compte des apparences de mort dans lesquelles le "présent vivant", insaisissable en lui-même, se donne à une "attitude naturelle" qui est toujours déjà "historique". Car il s'agit bien, par "l'énergie de la pensée", de

"soutenir ce qui est mort" (*das Tote festzuhalten*) et en se maintenant en lui, de le "convertir" en être, comme le dit Hegel dans un passage fameux de la Préface à la *Phénoménologie de l'esprit*. A vrai dire, la philosophie n'a jamais eu, de l'anamnèse platonicienne à la question-en-retour husserlienne et à la "dé-construction" heideggérienne, d'autre programme que ce "retour amont". Ce n'est pas en effet sans quelque fondement que Heidegger peut affirmer à la fin de la *Lettre sur l'humanisme* que "les penseurs essentiels disent constamment le même. Ce qui ne veut pas dire : l'identique". Mais il n'est pas moins vrai qu'une telle affirmation peut toujours sembler arbitraire, du moins à ceux qui n'ont pas déjà fait de la pensée leur "unique" affaire, puisque ces penseurs "ne le disent que pour celui qui s'engage à penser sur leurs traces".

12 - *Sein und Zeit*, op. cit., p. 22.

13 - *Ibid.*, p. 161. En ce qui concerne la transformation du statut du langage dans la pensée de Heidegger, je me permets de renvoyer à mon article "Language and *Ereignis*" in *Reading Heidegger. Commemorations*, Ed. by J. Sallis, Indiana University Press, 1992, p. 357-369.

14 - *Ibid.* : *"Den Bedeutungen wachsen Worte zu. Nicht aber werden Wörterdinge mit Bedeutungen versehen"*. Je cite ici, en la transformant légèrement, la traduction de F. Vezin, *Être et Temps*, Gallimard, 1986, p. 207 : "Aux significations viennent se greffer des paroles. Jamais des mots-choses ne se voient assortis après coup de significations". On voit déjà apparaître ici la distinction entre *Worte* (paroles) et *Wörter* (mots au sens de vocables ou de "termes"), distinction à laquelle

Heidegger donnera par la suite une importance capitale. Voir à ce propos mon article "La pensée comme traduction : Autour de Heidegger", in *Traduire les philosophes*, sous la direction de J. Moutaux et O. Bloch, Publications de la Sorbonne, 2000, pp. 469-482.

15 - On retrouve ici la conception husserlienne de la langue. Voir à ce propos J. Derrida, "La forme et le vouloir-dire. Note sur la phénoménologie du langage" in *Marges de la philosophie*, Ed. de Minuit, 1972, p. 185 sq. L'anachronisme consiste à considérer que les paroles naissent de significations préexistantes alors que, comme Humboldt le montre, c'est le langage en tant que tel qui est l'origine de la signification, laquelle ne peut être détachée que par abstraction de son "vêtement grammatical".

16 - *Sein und Zeit*, op. cit., p. 165.

17 - *Ibid.*, § 18.

18 - *Ibid.*, p. 87. Ce signi-**ficare** ne consiste pas seulement en l'imposition de significations aux "choses", il est surtout un se-signifier "réfléchi" du *Dasein* à lui-même et c'est cette "réflexion", ce retour à soi dans le "à dessein de" (*Worumwillen*, qui correspond à l'οὗ ἕνεκα aristotélicien et à l'*Endzweck* kantien) de l'ensemble des rapports de référentialité (*Bewandnis*) formant la mondanéité du monde, qui constitue, comme nous le verrons, "l'articulation" de la compréhension en explicitation.

19 - *Ibid.* Le terme de *"fundieren"* renvoie clairement à la problématique husserlienne de l'étagement du "catégorial" sur le sensible. Il ne faut donc pas s'étonner de trouver appo-

sée à cette phrase, dans le "Hüttenexemplar", la note marginale suivante : *"Unwahr. Sprache ist nicht aufgestockt, sondern **ist** das ursprüngliche Wesen der Wahrheit als Da"* : "Faux. Le langage n'est pas en surélévation, mais **est** le déploiement originel de la vérité en tant que Là".

20 - *Ibid.*, p. 165.

21 - *Ibid.* Je traduis par "ontologie de l'étant pré-sent" l'expression "Ontologie des Vorhandenen".

22 - *Ibid.*, p. 224.

23 - Cf. Husserl, *Articles sur la logique*, P.U.F., 1975, p. 216. C'est Husserl qui définit les "propositions en soi" de Bolzano comme des "entités mythiques suspendues entre l'être et le non-être" et qui souligne que c'est "l'assimilation intime" des réflexions que Lotze a consacrées à la théorie platonicienne des idées "qui lui a donné la clé pour pénétrer dans les conceptions de Bolzano". Je me permets de renvoyer à ce propos à mon article "Husserl, Lotze et la logique de la 'validité'" paru dans *Kairos,* n° 5, 1994, pp. 31-48.

24 - J'ai brièvement traité de ce statut particulier du discours dans *Heidegger et la question du temps*, P.U.F., 1990, p. 70 et 77-78.

25 - *Sein und Zeit*, op. cit., p. 161.

26 - *Ibid.*, p. 147. Parce que le rapport à la vue et au voir continue de définir structurellement le *Dasein*, on a toujours affaire à une phénoménologie. Parce que ce voir se fonde lui-même sur le "cercle" inhérent à tout projeter en tant qu'il "articule" l'étant pris à vue par rapport à l'horizon ontologique qui lui donne sens, cette phénoménologie est une herméneutique.

27 - *Ibid.*, Une note marginale du *Hüttenexemplar* précise que "pensée" doit être comprise ici au sens traditionnel de διάνοια ou *Verstand*, mais qu'il ne faut pas comprendre *Verstehen* (l'existential) à partir de *Verstand* (entendement). Le *Verstehen* heideggerien ne signifie pas simplement *intellegere,* il doit être compris à partir de l'étymologie même du terme *vor-stehen* (auquel Heidegger fait une brève allusion in *Sein und Zeit*, p. 143) qui l'apparente au grec ἐπιστήμη, comme Heidegger le rappelle dans le séminaire du Thor de 1969 (*Questions IV*, op. cit., p. 268 : "Compréhension, *Verständnis,* doit être à son tour entendu au sens premier de *Vorstehen* : être debout devant, être de niveau avec, être de taille à soutenir ce devant quoi on est")

28 - *Sein und Zeit*, op. cit., p. 148.

29 - *Ibid.*, p. 149.

30 - *Ibid.*, p. 150.

31 - *Ibid.* C'est là un point capital sur lequel on ne saurait trop insister : l'explicitation du "quelque chose en tant que quelque chose" *(Etwas als etwas)* ne fait nullement passer d'un étant pré-sent à un étant maniable, d'un pur donné "sensible" à une chose doté de sens, mais consiste uniquement en la répétition originaire par laquelle l'étant est **identifié** à partir de sa différence avec la significabilité de l'ensemble du monde, laquelle est toujours déjà projetée. Comme Heidegger le souligne explicitement dans le § 32 (op. cit., p. 150 sq.), l'*Als-struktur* (structure d'en-tant-que) de l'explicitation se fonde sur la *Vor-struktur* (structure d'anticipation) de la compréhension dont elle ne constitue pourtant que le

développement. C'est l'articulation de ces deux structures qui est à l'origine du sens, et cette articulation n'est rien d'autre, comme Heidegger l'apercevra par la suite, que l'ouverture de la différence ontico-ontologique elle-même.

32 - *Ibid.*, p. 151.

33 - Comme le souligne Heidegger (op. cit., p. 152), il s'enlève sur un "fond" *(Grund)* qui ne devient lui-même accessible que dans l'éclaircie du sens.

34 - Que cette structure **circulaire** du sens ait été aperçue non seulement déjà par Kant, mais aussi par Husserl, on en trouve l'attestation dans la notion husserlienne de "remplissement", elle-même corollaire de l'anticipation de la signification. Heidegger y fait allusion par cette phrase (op. cit., p. 151) : "Seul le *Dasein* 'a' du sens, dans la mesure où l'ouverture de l'être-dans-le-monde est 'remplissable' par l'étant découvert en elle".

35 - *Ibid.*, p. 155.

36 - *Ibid.*, p. 158.

37 - *Ibid.*, p. 159.

38 - *Ibid.*, p. 160. C'est une note marginale du *Hütten-exemplar* qui précise que c'est Husserl qui est visé ici.

39 - *Lettre sur l'humanisme*, op. cit., p. 31 (traduction modifiée).

40 - *Introduction à la métaphysique*, P.U.F. Epiméthée, 1958, p. 133. Un peu plus haut dans la même page Heidegger précise que, parce que "la logique comme telle reste quelque chose qui appelle question", il est nécessaire que "'la logique' soit mise entre guillemets".

41 - *Lettre sur l'humanisme*, op. cit., p. 37. Heidegger utilise ici le verbe *ersetzen*.

42 - *Ibid.*, p. 30 : *"Das Sein als Element des Denkens ist in der technischen Auslegung des Denkens preisgegeben."* Cela donne dans la traduction de Roger Munier : "L'Être en tant que l'élément de la pensée est abandonné dans l'interprétation technique de la pensée." Le terme de *preisgeben,* que je préfère traduire ici par "sacrifice" plutôt que par "abandon" est une traduction du français "donner en prise" et a le sens fort de livrer en proie, trahir, prostituer. Mais, comme il est naturel à une oreille allemande, Heidegger entend peut-être dans ce mot moins le français "prise" que l'allemand *Preis* (prix), comme le confirme l'apparition dans la suite du texte des termes *Markt* (marché) (p. 34), *Wettbewerbe* (concurrence) (p. 38) qui en disent long sur la conception "mercantiliste" qu'il se fait de la sophistique en tant que moment instaurateur de cette interprétation technique de la pensée par rapport à laquelle la philosophie ne constitue qu'une réaction. Voir à ce propos *Qu'est-ce que la philosophie ?* in *Questions I,* op. cit., p. 22, où il est à nouveau question de "l'attaque de l'entendement sophistique qui avait pour tout une explication que tout un chacun pouvait immédiatement comprendre et qui l'apportait au marché". Que le sophiste monnaye son savoir comme un marchand, voilà ce qui signe le "déclin" de la pensée réduite ainsi à n'avoir plus qu'une "valeur" instrumentale, ce qui se voit ratifié en quelque sorte par la définition traditionnelle de la logique comme ὄργανον ou κανών. C'est ce qui explique que Heidegger puisse déclarer

qu'ainsi "on juge la pensée selon une mesure qui lui est inappropriée" car "cette façon de juger équivaut au procédé qui tenterait d'apprécier l'essence et les ressources du poisson sur la capacité qu'il a de vivre en terrain sec" (op. cit., p. 33).

43 - *Ibid.*, p. 29 (traduction modifiée).

44 - *Qu'appelle-t-on penser ?*, P. U.F., 1959, p. 101 (traduction légèrement modifiée). Voir également *Acheminement vers la parole*, Gallimard, 1976, p. 93.

45 - Cf. *Lettre sur l'humanisme*, op. cit., p. 29.

46 - *Ibid.*, p.37.

47 - Je me permets de renvoyer sur ce point à mon article "La fin de la philosophie et le commencement de la pensée" in *Heidegger : Questions ouvertes*, C.I.P., Osiris, 1988, en particulier, p. 125-127.

48 - Cf. *Lettre sur l'humanisme*, op. cit., p. 37 sq. où il apparaît clairement que le concept même d'école n'a de sens que dans la perspective de l'interprétation technique de la pensée, toute école étant finalement une école "technique". Déjà en 1935, dans l'*Introduction à la métaphysique* (op. cit., p.133), Heidegger notait que la formation de la logique commence "au moment où la philosophie grecque touche à sa fin et devient une affaire d'école, d'organisation et de technique".

49 - Voir à ce propos Paul Ricœur, *La métaphore vive*, Seuil, 1975, p. 395-96, qui, après avoir déploré "l'esprit de vengeance" qui préside à "l'enfermement de l'histoire antérieure de la philosophie dans l'unité de 'la' métaphysique" et considéré cette dernière, à juste titre, comme une "construction après coup", déclare : "Le moment est venu, me semble-t-

il, de s'interdire la commodité, devenue paresse de pensée, de faire tenir sous un seul mot – métaphysique – le tout de la pensée occidentale". Critique à laquelle fait écho Jacques Derrida, qui, répondant à Paul Ricœur et refusant de laisser situer sa propre problématique dans la perspective d'une "radicalisation **continue** du mouvement heideggérien", affirme : "Il ne s'agissait pas pour moi de tenir 'la' métaphysique pour l'unité homogène d'un ensemble. Je n'ai jamais cru à l'existence de quelque chose comme **la** métaphysique" (*Psyché*, Galilée, 1987, p. 73). Commodité à la fois paresseuse et vengeresse ou processus illégitime d'homogénéisation, dans les deux cas, c'est l'**identité** même de l'Occident et de son histoire qui se voit mise en question dans la mesure où elle s'enracinerait (c'est ce que disait déjà Husserl qui y voyait rien moins qu'une "révolution au sein de l'historicité") dans l'apparition de cette attitude philosophique qu'est la θεωρία, manière de caractériser la pensée qui, pour Heidegger, "se produit déjà à l'intérieur d'une interprétation 'technique' de la pensée" en tant que "tentative de réaction pour garder encore à la pensée une autonomie en face de l'agir et du faire" (*Lettre sur l'humanisme*, op. cit., p. 31). Ce que l'on ne peut pourtant nier, me semble-t-il, c'est moins "l'identité" de l'Occident lui-même que le fait que l'Occident n'ait peut-être consisté, en tant que processus historique, qu'en **une promotion continue de l'Un et de l'Identité** (non seulement du point de vue scientifique, mais aussi religieux et politique), comme l'atteste aujourd'hui sous nos yeux cette occidentalisation de la planète qui est aussi son uni-formisation.

Sans doute cette histoire est-elle plus le résultat d'une addition de hasards que le développement d'un programme : il n'en demeure pas moins que du point de vue **rétrospectif** d'un **regard** uni-**ficateur**, c'est-à-dire encore occidental et philosophique ("grec", dirait simplement Heidegger), il est possible, précisément pour sauvegarder l'originalité d'autres "grands commencements" que le grec et entamer un dialogue avec eux qui ne soit aliénant ni pour eux ni pour nous, d'identifier, en un mode qui est celui du futur antérieur, et sous le **prête-nom** de "métaphysique", la longue et **libre séquence** historique dont **nous** sommes le provisoire résultat, nous qui ne pouvons parler avec les autres (en grec : διαλέγεσθαι) – et c'est là le sort commun à tous – que sous la protection et qu'au moyen de noms à la fois "posthumes" et "avant-coureurs", dans la "responsabilité" d'un "après coup" qui signe la finitude de toute pensée.

50 - *Lettre sur l'humanisme*, op. cit., p. 33.

51 - J. Beaufret, *Le Poème de Parménide*, op. cit., p. 35.

52 - Heidegger fait remarquer dans *Le principe de raison* (Gallimard, 1962, p. 260), après avoir souligné que, sous la contrainte de l'appel exigeant qu'une raison suffisante soit fournie à toutes choses, "s'accuse pour l'homme le trait fondamental de l'existence contemporaine, laquelle recherche partout la sécurité", que "Leibniz, père du principe de raison, est aussi l'inventeur de l'''assurance sur la vie'".

53 - Cf *Identité et différence*, in *Questions I*, op. cit., p. 285. Heidegger souligne dans cette page que la démarche rétrocessive du "pas en arrière" n'a précisément pas pour ré-

sultat une "construction" après coup ou une "objectivation" du passé, mais consiste au contraire à laisser **venir** à nous dans un en-face *(Gegenüber)* qui n'est pas une représentation objective *(Gegenstand)* l'ensemble de l'histoire de la pensée occidentale. Heidegger renvoie ici à un passage du *Principe de raison* (op. cit., p. 185) où il est explicitement souligné que dans le *Gegenüber*, le *Gegen* (le contre) se dévoile non pas à travers la "lancée" objectivante du "sujet" (*Gegenstand* se dit d'abord en allemand, comme le rappelle Heidegger, *Gegenwurf*, contre-lancée, selon le principe d'une traduction littérale du latin *objectum*), mais à travers ce qui survient à l'homme *(über den Menschen kommt)* et le surprend *(was den Menschen überkommt)*. Ici l'après coup est la modalité d'une pensée qui se veut non pas fondation et captation de ce qui est défunt *(das Vergangene)*, mais réception et dé-finition d'une "présence" *(Anwesen)* de ce qui a été qui vient à nous à partir de l'avenir.

54 - *Ibid.*, p. 292 (traduction modifiée).

55 - *Ibid.*, p. 291. Voir *Identität und Differenz*, Neske, Pfullingen, 1957, p. 54. Le verbe *prägen*, qui a le sens de donner une empreinte, frapper, forger, graver, se rattache probablement à la racine indo-européenne **bhreg-* qui a donné en allemand *brechen* (briser) et en latin *frangere* et *fragmentum*. Il faut donc sans doute entendre ici sous ce terme l'imposition d'une forme qui est en même temps la possibilité d'une percée, d'une sortie hors du retrait.

56 - *Ibid.*, p. 301.

57 - Cf. "Le retour au fondement de la métaphysique" in *Questions I*, op. cit., p. 40-41.

58 - *Identität und Differenz*, op. cit., p. 55 : *"Daher ist alle Metaphysik im Grunde vom Grunde aus das Gründen, das vom Grund die Rechenschaft gibt, ihm Rede steht und ihn schliesslich zur Rede stellt"* (trad. fr. p. 292-293). Les expressions *"jemandem Rede stehen"* et *"jemanden zur Rede stellen"* signifient bien respectivement "rendre raison à quelqu'un" et "demander raison à quelqu'un", mais le terme de *Rede* doit être ici accentué dans son sens de discours puisque, comme Heidegger le fera remarquer "en passant" (*"sei nur beilaüfig bemerkt"*, op. cit. p. 67, trad. fr. p. 304), "le même λόγος recèle aussi la provenance essentielle de la frappe *(Prägung)* de l'être du langage et détermine ainsi le mode du dire en tant que dire logique au sens large".

59 - Cf. *Questions I*, op. cit., p. 304. L'Un se dédouble en effet en ἀρχή et en τέλος, en généralité et en unicité, ce qui explique que l'être soit le fondement de l'étant, mais qu'à son tour celui-ci, en tant qu'étant suprême, fonde l'être en raison, si bien que du point de vue de la différence, être et étant gravitent l'un autour de l'autre. On a là la structure de fond de la métaphysique qui est devenue dans l'idéalisme allemand le schème **explicite** de l'expérience et de la réflexion. Voir à ce propos mon petit livre *Hölderlin. Le retournement natal.* Encre Marine, 1997, pp. 50-51.

60 - *Ibid.*, p. 293.

61 - *Ibid.*, p. 296.

62 - *Ibid.*, p. 305.

63 - *Ibid.*, p. 296 et 298.

64 - *Ibid.*, p. 299. C'est dans *Unterwegs zur Sprache* (Neske,

Pfulligen, 1959, p. 24 sq.) que Heidegger emploie, pour parler de la même *Unter-schied*, de la même scission qui fait advenir l'écart à partir duquel se déploient monde et chose, être et étant, le terme hölderlinien de *Innigkeit*. Car cet écart qui est **en même temps** jointure, c'est celui du même différant "originairement" de lui-même et non pas la différence de deux termes qu'il s'agirait d'unifier après coup. La pensée de Heidegger n'est pas une pensée de l'un, mais une pensée du même.

65 - *Ibid.*, p. 299. Le terme d'*Austrag* a certes le sens de "règlement", "arrangement", "conciliation", "arbitrage". C'est pourquoi André Préau, suivant une indication donnée par Heidegger lui-même, le traduit ici par "conciliation" après avoir rappelé (op. cit., p. 236) qu'il est la traduction littérale du latin *dis-fero* en allemand (*tragen* – *to draw* en anglais – renvoyant en effet à une racine qui ne se trouve que dans les langues germaniques). Mais le verbe *austragen* signifie aussi distribuer, colporter, porter jusqu'au bout, mener à terme. Dans *Unterwegs zur Sprache* (op. cit., p. 22). Heidegger rapproche ce verbe du vieil allemand *bern, bären* – en anglais *to bear* – que l'on retrouve aujourd'hui dans *gebären* (enfanter) et *Gebärde* (le geste).

66 - *Ibid.*, p. 302.

67 - *Lettre sur l'humanisme*, op. cit., p. 29.

68 - *Questions I*, op. cit., p. 307 sq. (traduction modifiée)

69 - J'emprunte ici, de manière quelque peu illicite, cette graphie à Jacques Derrida, pour désigner cet **événement** de la différence qui fait d'elle tout autre chose qu'une distinc-

tion surajoutée, que Heidegger, utilisant les ressources propres à l'allemand, désigne par *Unter-schied,* terme intraduisible en français.

70 - Je n'évoquerai ici qu'un exemple, à vrai dire paradigmatique, de cette "traduction" : alors que Husserl préfère souvent avoir recours au terme étranger de εἶδος plutôt qu'au terme allemand entaché d'équivoques de *Wesen* (Cf. *Idées directrices pour une phénoménologie,* op. cit., p. 9), Heidegger s'installera au contraire au cœur même de cette polysémie du terme allemand pour y faire jouer, dans la formule *"Das Wesen der Sprache : die Sprache des Wesens"* ("L'essence de la parole : la parole du déploiement"), le sens traditionnel (résultat d'une sédimentation historique) de *Wesen* en tant que terme ayant servi à traduire le latin *essentia* contre son sens proprement historial, encore audible dans des mots d'usage courant tels que *anwesend* (présent) et *abwesend* (absent), qui renvoie non pas à l'être compris comme quiddité, mais à l'être compris comme duration et déploiement *(das Währende).* Voir à ce propos *Acheminement vers la parole,* Gallimard, 1976, p. 185 sq.

71 - On peut en effet considérer que l'apport de *Sein und Zeit* à cette nécessaire métamorphose de la langue est essentiellement lexical – voir par exemple les termes de *Geworfenheit, Befindlichkeit, Zeitigung,* etc. (on trouvera la liste des mots fabriqués par Heidegger dans Erasmus Schöfer, *Die Sprache Heideggers,* Neske, Pfullingen, 1962, p. 67 sq.). Il faut cependant rappeler qu'à cette époque déjà Heidegger souligne que, pour la tâche qui est celle de la "répétition" de la question de l'être, "ce ne sont pas seulement les mots

qui manquent mais surtout la 'grammaire'"(*Sein und Zeit*, op. cit., p. 39).

72 - *Acheminement vers la parole*, op. cit., p. 256.

73 - *Acheminement vers la parole*, op. cit., p. 121.

74 - W. von Humboldt, *Über die Verschiedenheit des menschlichen Sprachbaues und ihren Einfluss auf die geistige Entwicklung des Menschengeschlechts* (1830-1835) op. cit., Band VII, 1, § 12, p. 46 (Noté par la suite UVS). Cité par Heidegger in *Unterwegs zur Sprache*, op. cit., p. 247 (tr. fr. p. 233).

75 - *Ibid.*, p. 93. C'est significativement sur la citation de ce passage que se clôt *Unterwegs zur Sprache*.

76 - On trouve dans la tradition védique, et en particulier chez Patañjali, qu'on situe approximativement comme ayant vécu entre le 2ᵉ siècle av. J.C. et le 5ᵉ siècle après J.C. et qui continue l'œuvre de Pānini, l'idée que l'essence de la parole n'est ni le son matériel ni l'esprit, mais l'unité indissociable des deux qu'il exprime par le terme de *sfota* signifiant à la fois ce qui est manifesté et ce qui manifeste. Ce terme, à côté de son sens "philosophique" signifie proprement "éclatement", du radical *sphut* : éclater, se fendre, se déchirer, s'ouvrir. Le caractère divin de la parole est donc compris là aussi à partir de l'ouverture de la différence. Ce qui caractérise en effet la pensée védique, c'est le fait qu'elle a approché son concept propre d'absolu (*brahman*) par l'intermédiaire du pouvoir reconnu à la parole en tant qu'instrument principal du rite sacrificiel.

77 - *Ibid.*, p. 329. Cité par Heidegger dans *Unterwegs zur Sprache*, op. cit., p. 248 (tr. fr. p. 234).

78 - Cf. *Unterwegs zur Sprache*, op. cit., p. 248 (tr. fr. p. 257).

79 - *UVS*, p. 16-17. Voir traduction française par P. Cauchat in W. v. Humboldt, *Introduction à l'œuvre sur le kavi et autres essais*, Seuil, 1974, p. 147. (Cette traduction élégante, mais peu fidèle aux inflexions du texte original que j'ai ici pour unique souci de faire apparaître ne sera pas utilisée comme référence).

80 - Humboldt utilise bien ici le terme latin d'*Emanation*, du verbe latin *emanare,* s'écouler.

81 - Cf. *Unterwegs zur Sprache*, op. cit., p. 203 et 244 (tr. fr. p. 188 et 230). François Fédier a conséquemment traduit partout *Sprache* par "parole", alors que j'ai préféré conserver la traduction traditionnelle par "langage" ou "langue" pour éviter toute équivoque, étant donné l'habitude que nous avons d'opposer en un sens saussurien le "système" idéal de la langue à la "parole" comprise comme activité du sujet parlant. Cette distinction n'a pas d'équivalent strict en allemand. Il ne faudrait pas, en particulier, la confondre avec l'opposition *Sprache / Rede* qui apparaît chez Humboldt, pour l'unique raison que jamais Humboldt n'aurait admis la thèse saussurienne selon laquelle "les organes vocaux sont aussi extérieurs à la langue que les appareils électriques qui servent à transcrire l'alphabet Morse sont étrangers à cet alphabet" (*Cours de linguistique générale*, Payot, 1979, p. 36), car cette thèse, y compris la comparaison qui l'accompagne, celle de la langue à une symphonie, "réalité" indépendante de son exécution, revient à considérer la langue comme une pratique sémiotique délibérément mise en œuvre par les peuples,

ce qui relève de cet "anachronisme" qui consiste à décrire à l'aide des produits terminaux de l'histoire (la notion de signe et de vocable) la genèse de celle-ci. Humboldt est particulièrement clair sur ce point : "Il est impossible de concevoir la genèse du langage *(Sprache)* comme un processus qui commencerait par désigner des objets par des mots *(Wörter)* pour ensuite en venir à les assembler les uns aux autres. Dans la réalité, le discours *(Rede)* n'est pas composé de mots préexistants, ce sont au contraire les mots qui proviennent du tout du discours" (*UVS*, p. 72). Si la *Sprache* doit être comprise comme l'unité toujours singulière d'une "langue" et d'une "parole" intrinsèquement historiques, la *Rede* en constitue l'effectivité susceptible de perdurer dans les œuvres de la littérature et de la philosophie.

82 - *UVS*, p. 53 : "L'accord mutuel de la pensée et du son saute d'ailleurs aux yeux. Comme la pensée, comparable à un éclair ou à un coup de tonnerre, rassemble toute la force de la représentation en un seul point et exclut tout ce qui est concomitant, de même le son retentit en se détachant avec une unité fortement marquée".

83 - *UVS*, p. 66.

84 - Cf. Ole Hansen-Love, *La révolution copernicienne du langage dans l'œuvre de Wilhelm von Humboldt*, Vrin, 1972, p. 58 sq., qui cite à ce propos Cassirer, lequel souligne, dans *La Philosophie des formes symboliques*, que le concept d'organisme n'est pas pris dans le romantisme comme expression d'une certaine classe de phénomènes, mais comme celle d'un principe spéculatif universel. Comme le fait remarquer par

ailleurs Pierre Caussat, la définition que Humboldt donne de la langue comme "projection totalisante de la parole en acte" (*UVS,* p. 46) "lève l'hypothèque que fait peser le concept d'"organisme'" puisqu'une telle définition de la langue fait apparaître celle-ci, bien qu'elle soit organiquement conditionnée, comme se mouvant, comme le dit Humboldt lui-même, dans une "liberté de transition indéfinie" qui l'élève bien "au-dessus de l'organisme", car "en elle, rien n'est statique, tout est dynamique", ce qui implique qu'"on ne peut la comparer qu'avec la physiologie, non avec l'anatomie" (*Introduction à l'œuvre sur le kavi,* op. cit., p. 189).

85 - *UVS,* p. 53.

86 - *UVS,* p. 55. Comme le souligne J. Derrida (*La voix et le phénomène,* P.U.F., 1967, p. 87) : "Quand je parle, il appartient à l'essence phénoménologique de cette opération que **je m'entende dans le temps** que je parle". Car cette circularité de l'extériorisation phonique de l'esprit revenant dans l'ouïr propre sous la forme de son propre produit *(Erzeugnis)* constitue la structure même d'une ipséité définie comme "pouvoir-s'entendre-parler".

87 - *UVS,* p. 69.

88 - Cf. *Über die Verschiedenheiten des menschlichen Sprachbaues,* § 36, Werke, op. cit., Band VI, 1, p. 152 : "Mais ce dont la pensée a, au sens strict, besoin pour former le concept dans le langage, ce n'est pas proprement ce qui est effectivement perçu par l'oreille ; ou, en d'autres termes, si l'on distingue dans le son articulé l'articulation et l'ébruitement sonore *(Geräusch),* la pensée a besoin de celle-ci, non de celui-là".

89 - *UVS*, p. 66. Dans ce passage, Humboldt, analysant l'apprentissage du langage que font les sourds-muets à partir de la vision du mouvement des organes de la parole chez les autres, souligne qu'ils sont eux aussi pourvus d'une "faculté d'articulation" et qu'ils parviennent ainsi à un véritable apprentissage de la langue et non pas seulement à la capacité d'associer des représentations à des signes ou à des images. Il considère en effet que le détour "contre nature" qu'ils doivent ainsi faire par la vision en lieu et place de l'audition, à cause de leur nature rendue muette, est la preuve du lien "étroit et profond" que l'écriture entretient avec le langage, même en l'absence de la médiation de l'ouïe. Loin d'opposer l'écriture à la parole, Humboldt les considère toutes deux comme des "objectivations" transitoires de l'esprit, la temporalité vivante qu'est la langue ne trouvant "nulle part, pas même dans l'écriture, de demeure stable", "sa partie pour ainsi dire morte" devant "toujours être à nouveau produite dans la pensée, être à nouveau rendue vivante dans le discours ou la compréhension" (op. cit., p. 63).

90 - *UVS*, p. 65.

91 - *UVS*, p. 63. On retrouve ici une sobriété semblable à celle de Kant dans cette décision de s'en tenir aux phénomènes sans tenter de donner de l'articulation, comme de "cet art caché dans les profondeurs de l'âme humaine" qu'est le schématisme, une explication qui ne pourrait être que "mythique". Or cette "nature humaine" qu'évoque Humboldt renvoie avant tout pour lui à la station debout "refusée aux animaux", dans la mesure où elle "s'accorde" avec le son lin-

guistique, car "le discours ne peut que s'assourdir et expirer en restant sur le sol, il exige de s'épancher librement des lèvres dans la direction de ce qu'il vise, d'être accompagné de l'expression du regard et de la face, comme des gestes de la main, et ainsi d'être en même temps entouré de tout ce qui caractérise l'humanité en l'homme" (op. cit, p. 55). Cette liaison du langage et de la station debout définit certes traditionnellement le "propre" de l'homme. Humboldt, tout en restant dans les limites et le cadre de son "époque", nous en donne une compréhension "phénoménologique" (et non théologique) qui consonne étrangement avec ce que la science nous dit aujourd'hui à ce propos. Car les progrès de la paléontologie (je résume ici des propos tenus par Jean-Louis Heim, professeur de paléontologie au Musée de l'homme, voir *Libération* du 24.6.92) nous apprennent que le langage humain dépend de plusieurs facteurs additionnés : un facteur biostatique, la flexion de la base du crâne permettant la position basse du larynx afin que celui-ci soit ventilé par les poumons, ce qui donne au langage son caractère guttural (et non seulement lingual comme chez le perroquet) ; un facteur neurologique et cérébral, la flexion de la base du crâne s'accompagnant d'une bascule de l'occipital et d'une avancée du frontal, lesquelles permettent à la boîte cranienne de donner plus de place aux zones du cortex situées entre le lobe frontal et l'occipital, en particulier à la zone de Wernicke qui est la zone principale du langage ; enfin un facteur socio-culturel, celui d'une tradition qui exige par elle-même la communication. La flexion de la base du crâne qui découle directement de la bipédie (quand l'homme se redresse, il penche la tête vers l'avant) s'accompagne immédiatement du développement cérébral. En ce sens on peut considérer le langage articulé comme un épiphénomène de la bipédie.

92 - *UVS*, p. 54-55.

93 - *UVS*, p. 95.

94 - *UVS*, p. 213.

95 - *Ibid.* (Je souligne). Voir l'interprétation de ce passage in J. Lohmann, *Philosophie und Sprachwissenschaft*, op. cit., p. 191 sq.

96 - Cf. *Unterwegs zur Sprache*, op. cit., p. 249 (tr. fr. p. 235). La lecture que Heidegger propose ici de Humboldt reste trop schématique et est dépourvue de la générosité manifestée naguère à l'égard de la pensée kantienne. Pas plus qu'il n'est possible d'affirmer catégoriquement que Humboldt comprend l'*energeia* "de manière tout à fait étrangère au grec, dans le sens de la *Monadologie* de Leibniz, comme l'activité du sujet", on ne peut, au vu des textes cités ici, prétendre qu'il reconnaît dans le langage seulement **une** des formes de la vision du monde élaborée par la subjectivité humaine. Il faudrait plutôt dire que l'idée d'une spontanéité originelle, qui est celle de la temporalité elle-même, que Humboldt voit partout à l'œuvre dans la parole humaine, fait éclater **de l'intérieur** le cadre époqual dans lequel il continue de se situer, celui de la subjectivité absolue se posant elle-même comme l'être. C'est ce qu'atteste en particulier le passage où Humboldt étend la définition génétique de l'acte singulier de parole *(das jedesmalige Sprechen)* à la langue *(Sprache)* tout

entière, celle-ci n'étant pour ainsi dire que "la totalité du parler" (*UVS*, p. 46), ce qui implique que c'est la *Sprache* dans son "intersubjectivité" créatrice qui constitue le processus même, sémantico-poétique, de l'histoire.

97 - *UVS*, p. 45-46. Ici déjà la finitude, c'est-à-dire la répétition "éternelle" du travail "synthétique" de l'esprit, peut-être comprise comme la "capacité" de se donner un monde.

98 - *UVS*, p. 212.

99 - *UVS*, p. 214.

LE LOGOS DES MORTELS

*"Das Wesensverhältnis zwischen Tod und Sprache
blizt auf, ist aber noch ungedacht."*[1]

Heidegger

LA MÉTAPHYSIQUE occidentale, quand elle atteint à son plus haut, est pensée du travail et de la répétition éternelle de l'esprit, et elle se comprend elle-même, avec Humboldt, comme l'expérience de l'écoulement impérissable du temps dans les modulations flexionnelles du dire. A cette pensée de l'*Unvergänglichen,* ne manque pourtant nullement le moment antirythmique de la césure qui est celui de l'affrontement de la mort à l'intérieur même de la vie, puisque c'est la menace même de l'objectivation momifiante[2] qui relance le travail toujours recommencé de l'esprit. Car c'est, comme le souligne Hegel, "la puissance énorme du négatif" "l'énergie de la pensée, du **pur moi**" qui permet de "donner une existence propre et une liberté séparée" à "l'accidentel", à "ce qui est lié et n'est effectivement réel que dans sa connexion avec un autre", puisque "la vie de l'esprit", ce n'est pas "la vie qui redoute la mort et qui se préserve pure de la dévas-tation", mais au contraire celle qui "la supporte et se maintient en elle"[3]. L'esprit n'est en effet "puissant" que s'il a "le pouvoir magique" de "convertir le négatif en être"[4], ce qui implique qu'il ne soit pas "un sujet en repos, support immobile des accidents", mais "le concept qui se meut lui-même et reprend en soi-même ses déterminations"[5]. Or, dans ce mouvement de conversion et de reprise, le sujet immobile "s'effondre" et c'est **cette flexion elle-même qui devient l'objet**[6]. Ainsi, ce qui, dans la phrase, a la forme du prédicat n'est plus cet universel convenant à plusieurs parce qu'il n'existe pas "par soi" et est en tant qu'attribut toujours dans autre chose, mais la substance elle-même qui se présente alors comme détachée[7]. La pensée représentative *(das vorstellende Denken),* qui n'est rien d'autre que la pensée "logique" dans sa définition traditionnelle, se voit donc "entravée dans sa progression" à travers les prédicats par le "contre-coup" qu'elle subit et qui, de jugement contenant la différence du sujet et du prédicat, la transforme en proposition identique. Mais la proposition philosophique ne peut s'en tenir au résultat, à la seule identité : elle doit contenir en elle le passage lui-même, c'est-à-dire le "contre-coup" de la seconde proposition sur la première, ce qui implique que "l'identité du sujet et du prédicat ne doit pas anéantir leur différence qu'exprime la forme de la proposition, mais leur unité doit surgir comme une harmonie"[8].

Nous sommes en effet ici au niveau du "mouvement dialectique", c'est-à-dire dans "l'élément du pur concept"[9] et ce dernier ne trouve son être-là que dans le temps[10], ce qui implique que le mouvement de la pensée ne peut s'appuyer sur aucun contenu préalable. Il n'y a donc "aucun sujet sous-jacent" auquel un prédicat pourrait échoir, puisque le contenu est ici "de part en part sujet en lui-même"[11]. Pour que la forme de la proposition ne se voie pas abolie *(aufgehoben)* de façon seulement immédiate, il ne faut pas en rester à l'inhibition intérieure, qui s'exprimerait par un arrêt de la pensée se satisfaisant d'une identité morte, mais "ce mouvement opposé doit être prononcé *(ausgesprochen)*" et "ce retour du concept en lui-même doit être **présenté** *(dargestellt)*" dans la preuve syllogistique, faute de quoi nous sommes simplement renvoyés à la simple "intuition **intérieure**" sans être parvenus à atteindre "le spéculatif effectivement réel"[12]. Le surgissement de l'unité harmonique du sujet et du prédicat exige donc la prononciation, l'*Ausprache* linguistique, et l'exposition, la *Darstellung* logique, elle exige que le retour de l'essence en elle-même se donne la forme de l'être-là[13], ce qui implique que la différence et l'extériorité ne se voient pas immédiatement résorbées dans l'identité. C'est là ce

que Hegel nomme lui-même "le rythme immanent des concepts"[14] dans lequel la pensée ne doit
pas intervenir arbitrairement, mais dont par une
sage abstention, elle doit assumer la tension[15].
Car il n'y a pas de rythme sans conflit, et ici il
s'agit de celui de la forme duelle de la proposition
qui se voit détruite par l'unité du concept. Hegel
le compare à celui du mètre et de l'accent dans le
rythme poétique, lequel résulte autant du sus-
pens de l'intervalle qui les sépare que de leur réu-
nion[16]. Ce rythme qui exprime la vie du concept,
il a pour nom *Widerspruch,* contradiction, et de
celle-ci, comme le rappelle Heidegger, Hegel dit
dans la *Logique* qu'"elle est la racine de tout mouvement et de toute vie ; ce n'est que dans la mesure où quelque chose a en soi une contradiction
qu'elle se meut, qu'elle possède une force d'im-
pulsion et une activité"[17]. Or cette activité est
constamment pensée comme puissance d'objectivation, comme capacité de représentation de soi
dans la réflexion, ce qui explique que le dialectique ou le spéculatif[18] soit défini par Hegel comme
"l'acte de saisir l'opposé dans son unité ou le

positif dans le négatif"[19]. Et c'est la production de l'opposé que Hegel comprend précisément comme "travail". Le processus dialectique ne peut donc devenir "le mouvement de fond dans la totalité de l'objectivité de tous les objets, c'est-à-dire de l'être tel qu'il est compris par les modernes"[20] que dans la mesure où l'identité spéculative ne peut jamais se voir réalisée que du point de vue d'un sujet "producteur". Il est vrai que le jeune Hegel cherchait déjà dans la philosophie de l'identité schellingienne une construction de l'absolu dans le sujet qui ne se fasse plus seulement du point de vue subjectif comme chez Fichte, mais aussi du point de vue objectif. Mais cette recherche même implique que Hegel continue à concevoir l'absolu comme un tel sujet, capable de "**se** trouver **soi-même** dans le déchirement absolu", car, comme il le dit explicitement, la "force magique" qui convertit le négatif en être "est la même chose que ce qui a été plus haut nommé sujet"[21].

Y a-t-il, au sein de cette "dimension", "à certains égards la plus haute", de la pensée qu'est la dialectique, selon le jugement de Heidegger lui-même[22], la possibilité de laisser venir à la parole la chose **même** sans que le recours à la permanence d'un sujet ne s'avère nécessaire ? Ou bien la pensée de la dia-chronie ne peut-elle se déployer, comme l'exemple hégélien le prouve, que sous la forme d'une *Science de la logique,* c'est-à-dire dans une "onto-logie de la subjectivité absolue"[23] dont le *logos* demeure, jusque dans sa présentation spéculative, marqué par la structure prédicative et l'opposition de l'objet et du sujet ? La figure qu'il s'agirait alors d'interroger, c'est celle de celui, qui bien avant Hegel et Schelling lui-même, a entrepris de situer le principe fichtéen du Moi par rapport à une unité plus haute, celle du *"Sein schlechthin",* de "l'être tout court"[24]. C'est en effet dans un court essai intitulé "Jugement et être", écrit au début de 1795, à l'époque où il est l'auditeur de Fichte à Iéna, que Hölderlin fait valoir que l'ordre de l'être "qui exprime la liaison du sujet et de l'objet" constitue la présupposition nécessaire de toute réflexion. Contre Fichte qui comprend l'identité du moi comme provenant d'une position du moi par lui-même, il montre que "le moi n'est possible que grâce à la séparation du je et du moi", ce qui implique que le moi n'est nullement une identité absolue, mais seulement l'identité de ces opposés que sont le moi-sujet et le moi-objet. Car l'identité n'est qu'un concept de la réflexion et il est par conséquent impossible de voir dans le moi, comme le voulait Fichte, la vérité de la substance spinoziste. Il ne faut donc pas confondre l'être et l'identité, la sphère de la scission réflexive et celle de l'unification dans l'être du sujet et de l'objet. Toute la réflexion hölderlinienne va consister par la suite à penser l'union au sens génétique de ces deux sphères qui constituent les pôles d'une unité dynamique, d'une "vie" à la fois humaine et divine qui ne se réalise jamais que dans une figure concrète finie, car il n'y a ni essence générale de la vie, ni essence générale de la pensée, ni esprit universel[25]. Hölderlin retrouve ainsi, avec tout l'idéalisme allemand, cette unité génétique des opposés qu'exprime déjà le fragment 119 d'Héraclite qui dit l'ouverture du séjour humain à la manifestation du divin et qui, redécouverte par la mystique allemande, a conduit chez Nicolas de Cuse à l'idée d'une *coincidentia oppositorum.* Ce qui constitue pourtant le propre de la pensée hölderlinienne, c'est que cette genèse est vue dans sa **simultanéité** avec le déclin, c'est-à-dire non plus sous l'horizon cinétique de la perdurance d'un sujet capable de "supporter" l'accident de sa propre mort, qui fait de toute genèse une γένεσις τις, mais sous l'horizon métabolique de la γένεσις ἁπλῶς, de la genèse comprise, comme l'être, au sens le plus simple, comme ce pur passage "immotivé" du non-être à l'être. Car ce que veut penser Hölderlin, ce n'est pas le développement d'une chose de son stade initial à son stade final, même par l'intermédiaire d'un "saut qualitatif" qui y introduirait une discontinuité relative, mais ce revirement entier de la disparition en apparition et de la mort en vie, ce qu'il veut comprendre, ce n'est pas la succession des époques et l'intervalle qui sépare les coupures, mais la coupure époquale elle-même et la radicale discontinuité de l'histoire.

C'est dans un essai qu'on a légitimement intitulé "Le devenir dans le périr"[26] que Hölderlin déploie une pensée de l'histoire qui voit en celle-ci l'unique "lieu" de la naissance toujours singulière de l'absolu et non pas seulement celui de son "calvaire", comme c'est le cas pour Hegel, dont la dialectique a, en tant qu'elle élève le christianisme au rang d'un philosophème, la structure "sacrificielle" d'un infini qui, parce qu'il préexiste au fini, doit à travers la mort et la résurrection parvenir à se retrouver en celui-ci[27]. Car pour Hölderlin, le périr est **premier** du point de vue ontologique et le "devenir dans le périr" est la forme ontologique de l'"être" de l'infini, dans la mesure où celui-ci ne "se produit" *(sich herstellt)* que dans le déclin et le passage[28]. L'infini ne peut en effet être trouvé que dans le "passage" lui-même d'un monde ou d'une époque à l'autre, dont le "surgissement" imprévu n'autorise aucune logicisation globalisante. Chaque époque est ainsi en elle-même la présentation la plus accomplie de l'infini et celui-ci ne peut être saisi, en un éclair, que dans le "moment génétique" de la coïncidence de la mort et de la naissance d'un monde, dans ce deuil joyeux et ce sentiment de vie totale qu'est l'expérience, dans le périr, de l'unité structurale de l'infini et du fini, de la vie effective et de la vie supérieure, et donc du processus de figuration perpétuellement créateur de la vie. Cette intériorisation mémorisante de la dissolution réelle que Hölderlin nomme "dissolution idéale" fait en effet retour du présent au passé, de l'infini au fini, elle a une dimension proprement restitutive et c'est pourquoi ce qui est vécu comme dépérissement ou mort est **en lui-même** (et non pas seulement dans son résultat) renaissance et croissance de ce qui a été, non pas violence destructrice, mais amour qui accroît, comprend, conserve ce qui a été[29]. Ce processus d'élévation dans lequel le présent gagne en esprit dans la mesure où il donne l'esprit au passé est cet acte créateur qui est le "sujet", ni divin, ni humain, du processus historique. Car, Hölderlin y insiste à la fin de l'essai, ce n'est que dans l'union tragique du fini et de l'infini que la vie perpétuellement créatrice se conserve. Les époques se constituent comme des opposés qui ne s'unissent que de manière tragique, c'est-à-dire qu'elles ne peuvent nullement être unifiées d'un point de vue téléologique "réconciliateur", mais seulement conservées et mises en rapport l'une avec l'autre dans ce que Hölderlin nomme *Vereinigung,* cette union qui retient les opposés, les tourne l'un vers l'autre et les maintient dans une tension réciproque. Une telle pensée, qui a pour fondement la *Grunderfahrung,* l'expérience fondamentale de la **présence** de l'infini dans le fini, s'oppose à la logique métaphysique qui conçoit au contraire le fini comme contenu dans l'infini. Mais cette **présence**, parce qu'elle n'est proprement expérimentée que dans l'éclair de sa disparition, n'ouvre que la clairière de sa possible re-production dans de toujours nouvelles formes finies. C'est dans cet horizon que le langage peut apparaître comme le paradigme même du phénomène "génétique"[30], au sens où en lui, particularité et totalité, infini et fini, son et sens sont intimement unis.

La dialectique restitutive hölderlinienne, parce qu'elle est une pensée de la singularité et de la discontinuité, demeure ainsi fidèle au sens premier du διαλέγεσθαι, qui est celui de la parole plurielle et de l'effectivité du discourir les uns avec les autres. C'est de ce dialogue *(Gespräch)* que nous sommes dont Hölderlin parle dans *"Friedensfeier"* (Fête de la paix), en précisant pourtant que "bientôt nous serons Plain-Chant"[31]. Que le *Gespräch* doive devenir *Gesang*[32] et que la logique dialectique parvienne à s'éprouver elle-même comme cette "logique poétique" dont parle Hölderlin au début des *Remarques sur Antigone*, c'est peut-être là en effet ce qui constitue la "destination" la plus intime de la langue qui, en conjuguant ainsi sa composante pensante à sa composante agissante, sa sémantique et sa syntaxe, réunirait ce qui, depuis l'avènement de la philosophie, s'est séparé en ἐπιστήμη et ποίησις. Car, Hölderlin le souligne bien, alors que la philosophie ne traite jamais, sous le nom de logique, que d'**une** faculté de l'**âme**, la poésie traite des **diverses** facultés de l'**homme**[33]. Or celui-ci doit être compris, à la manière kantienne, comme constituant dans son entièreté un "système de réceptivité" où se produisent successivement représentation, sensation et raisonnement[34]. Et c'est "la cohérence des parties plus autonomes des diverses facultés" de l'homme, par contraste avec "la simple cohérence des articulations" de cette unique faculté de l'âme qu'est l'entendement, qui "peut être dénommée le rythme au sens supérieur"[35]. Il ressort clairement de cette définition du rythme que celui-ci constitue la cohésion *(Zusammenhang)* d'une diversité successive dont chaque "partie" manifeste une tendance à l'autonomie, à la *Selbständigkeit*. Le rythme ternaire de la logique hégélienne du concept se déployait comme le mouvement de l'étant lui-même dans son devenir-autre à l'égard de soi-même, et comme le retour à partir de ce sien être-là à la simplicité de l'auto-détermination, circularité qui atteste que le contenu de la science "n'a pas reçu sa détermination d'un autre"[36]. C'est donc l'être lui-même qui, parce qu'il se fait λόγος, résorbait en soi sa propre étrangeté. A cette simplicité *(Einfachheit)* du rythme conceptuel qui est celle de l'odyssée de l'esprit, Hölderlin oppose le caractère heurté et "le moins pourvu de liaison" *(ungebundenste)*[37] du rythme tragique qui est engendré, comme Dionysos, ce "fruit de l'orage", né de l'éclair divin qui réduit en cendre Sémélé[38], dans cet "accouplement" du dieu et de l'homme qui advient dans ce "dialogue constamment en conflit" qu'est la parole humaine[39]. Car le tragique naît de cette expérience "monstrueuse" de la rencontre avec le tout autre, avec ce qui ne peut être "harmonisé" que de manière non manifeste[40] comme l'écart béant qui s'ouvre entre terre et ciel devant celui qui, dressé debout, jette un regard sur le dehors[41].

C'est ce "secret de la rencontre"[42] que manifeste de manière inapparente cette "musique" qu'est la parole humaine dans le διαλέγειν qui la définit originellement. Car "le parler les uns avec les autres, dans sa fine fleur, le διαλέγειν au double sens [de parler les uns avec les autres et de s'écouter les uns les autres] est la langue maternelle en tant que dialecte [...] Dans le dialecte s'enracine l'être de la parole *(das Sprachwesen)*. En lui s'enracine aussi, lorsque la manière de la bouche *(die Mundart)* est la langue de la mère, ce qui constitue la familiarité *(das Heimische)* du chez soi, le lieu natal *(die Heimat)*. Le dialecte n'est pas seulement la langue de la mère, mais il est en même temps et avant tout la mère de la langue"[43]. La dialectique, Heidegger le reconnaît ici, trouve son sens premier dans le caractère originellement dialectal de la langue qui définit l'intrinsèque historicité et localité de celle-ci, au point que la notion même de "lieu de naissance", de *Heimat*, ne trouve plus son sens qu'en elle : ce long texte que Heidegger consacre à nouveau en 1960, sous le titre de "Sprache und Heimat", au poète alémanique Johann Peter Hebel, se termine sur la transformation du titre en "Sprache **als**

Heimat", "la langue **comme** lieu natal", puisque "le dire poétique seul laisse les mortels habiter **sur** terre, **sous** le ciel et **devant** les divins"[44]. C'est à partir d'un tel être dialectal de la langue qu'il est alors possible de comprendre ce qu'est la **voix**, en ne la rapportant plus, ni à l'horizon d'une explication physiologique du phonétisme, ni à l'horizon métaphysique de la présence à soi d'un sujet. Ce que Humboldt nomme encore de manière non indivise *Sprachlaut,* le son de la parole, il faut le comprendre à partir de l'intonation même de la voix, de la résonnance de son *Stimmen,* qui retient en elle, **contre** le vide du ciel, l'obscurité et le retrait de la terre[45]. Car c'est cet accord qui octroie la venue à égalité dans le temps, l'éclair de la *Gleich-zeitigkeit* des ekstases du temps, à partir de laquelle seule s'ouvre l'espace du monde[46].

Notes

1 - *Unterwegs zur Sprache*, Neske, Pfullingen 1959, p. 215, trad. fr. in *Acheminement vers la parole*, Gallimard, 1976, p. 201 : "Le rapport d'essence entre mort et parole, un éclair, s'illumine ; mais il est encore impensé" (traduction légèrement modifiée).

2 - Cf. *UVS*, p. 46. Le moment spatialisant de l'écriture qui n'assure à la *Sprache*, à la parole, qu'"une conservation incomplète et momifiée" ne rend cependant pas compte à lui seul de l'objectivation qui advient déjà avec la matérialité "temporelle" du son articulé.

3 - *Préface à la Phénoménologie de l'esprit*, Aubier Bilingue, 1966, p. 79 (traduction modifiée). Je souligne.

4 - *Ibid.*

5 - *Ibid.*, p. 143.

6 - *Ibid. "Der feste Boden, den das Räsonieren an dem ruhenden Subjekte hat, schwankt also, und nur diese Bewegung selbst wird der Gegenstand"* ("Le sol ferme que la pensée raisonnante a dans le sujet en repos fléchit donc et ce n'est que ce mouvement lui-même qui devient l'objet"). Le verbe utilisé ici par Hegel n'est pas *beugen*, terme qu'utilise Humboldt à côté de celui de *Flektion*, mais *schwanken*, dont le sens courant est "chanceler", "vaciller", mais qui renvoie pourtant à un adjectif aujourd'hui peu employé, *schwank*, qui signifie "flexible".

7 - *Ibid.*, p. 143-5. Il est clair qu'ici Hegel s'inscrit en porte-à-faux par rapport à la solution "logique" que donnait Aristote au problème du χωρισμός platonicien, puisqu'elle consistait précisément à voir dans les universaux de simples attributs : "Substance (οὐσία) se dit de ce qui n'est pas prédicat d'un sujet (τὸ μὴ καθ' ὑποκειμενου), or l'universel (τὸ καθόλου) est toujours le prédicat de quelque sujet (καθ' ὑποκειμένου τινὸς)" (*Métaphysique*, Z, 13, 1038 b 15).

8 - *Ibid.*, p. 147.

9 - *Ibid.*, p. 153.

10 - *Ibid.*, p. 107 : "le temps est le concept même étant-là" *(das daseiende Begriff)*.

11 - *Ibid.*, p. 153-155.

12 - *Ibid.*, p. 151-153. Il s'agit ici de parvenir à la "preuve philosophique" qui conjoint en elle l'analytique et la dialectique et qui constitue l'essence même de la logique dialectique.

13 - *Ibid.*, p. 153.

14 - *Ibid.*, p. 139.

15 - *Ibid.*, p. 138-139. Les termes d'*Enthaltsamkeit* (abstention) et d'*Anstrengung des Begriffs* (effort, contention du concept) évoquent ici le style husserlien d'une philosophie comprise comme *strenge Wissenschaft* (science stricte). Mais ici ce n'est pas seulement la science en tant que forme de pensée qui est "stricte", mais le concept lui-même qui est capable de con-tention en tant qu'il est ce "pur auto-mouvement" qu'on pourrait presque nommer "âme" puisqu'il con-tient toutes les figures de son extériorité.

16 - *Ibid.*, p. 147 : *"Der Rhythmus resultiert aus der schwebenden Mitte und Vereiningung beider"*. Cette comparaison n'a de sens que rapportée à la langue allemande dont on sait qu'elle est caractérisée par l'opposition du rythme descendant du mot et du rythme ascendant de la phrase. L'accentuation du radical, le plus souvent initial, qui fait de l'allemand une langue "naturellement" étymologique, impose en effet au mot, lorsque s'ajoutent au radical des suffixes atones, un rythme descendant, déductif, lequel se voit contrebalancé par le caractère synthétique de la phrase, qui s'accroit en son milieu, ce qui donne à celle-ci un rythme ascendant, inductif, très différent du rythme descendant et analytique du français ou de l'anglais. Il est en vérité étonnant que l'on ait pas davantage réfléchi à l'importance de l'influence non seulement de l'histoire de la langue, mais aussi de la structure matricielle de la phrase sur le développement de la pensée. A cet égard, l'opposition entre la "séquence progressive" ouverte que constitue la phrase française, qui se déroule selon l'ordre additionnel du temps vécu et nomme le substrat avant ses déterminations, et la "séquence anticipatrice" fermée que déploie la phrase allemande, qui se termine par la nomination du substrat déjà décrit dans ses déterminations, devrait nous en dire long sur la différence des conceptions du temps qui en découlent.

17 - Cf. "Grundsätze des Denkens" in *Jahrbuch für Psychologie und Psychotherapie*, Heft 1/3, 1958 ; "Principes de la pensée", trad. fr. in *Martin Heidegger, L'Herne*, cahier dirigé par M. Haar, 1983, p. 76.

18 - Il faut rappeler brièvement ici que le terme de *speculatio,* qui signifie littéralement espionnage et vient de *specto,* regarder, scruter, a le sens philosophique de contemplation depuis qu'il a été utilisé par Boèce pour traduire le grec θεωρία. Mais ce sens a été oublié par saint Augustin et surtout saint Thomas d'Aquin qui dérivent *speculatio* de *speculum* (miroir) et le mettent en relation avec le mot de saint Paul dans la première épître aux Corinthiens, XIII, 12 : "A présent nous voyons confusément dans un miroir, mais nous verrons alors face à face. A présent partielle est ma science, mais je connaîtrai alors comme je suis connu". La connaissance par la foi est en effet indirecte et confuse comme la vision qu'on a dans un miroir de métal. C'est ce sens que les mystiques ont retenu, et c'est d'eux que vient le terme allemand de *Spiegulation* (de *Spiegel,* miroir). Cette compréhension de la *speculatio* comme *visio Dei* chez Nicolas de Cuse a été transmise à Hegel par Jacob Böhme et le piétisme souabe (Bengel et Oetinger). Cela explique le sens péjoratif que Kant donnera à ce mot qu'il considère comme définissant le mode de pensée de la métaphysique scolaire. Hegel par contre renversera complètement le sens du mot en le ramenant à son origine "théorique" mais sans le couper de son rapport à sa signification mystique, ce qui l'amènera à voir dans la spéculation l'identité du concept et de l'intuition. C'est en ce sens qu'il affirme dans la *Differenzschrift* : "*Das transcendantale Wissen vereinigt beides, Reflexion und Anschauung ; es ist Begriff und Sein zugleich*" (*Hegel Werke, Jenaer Schriften 1801-1807,* tome 2, op. cit., p. 42, trad. fr. in *La diffé-*

rence entre les systèmes philosophiques de Fichte et de Schelling, op. cit., p. 126 : "Le savoir transcendantal unit les deux termes, la réflexion et l'intuition ; il est à la fois concept et être). C'est à partir de cette unité spéculative du savoir transcendantal que la tâche philosophique se définit pour Hegel comme celle qui consiste à porter l'être et le concept à la conscience de de leur identité, ce qu'il nomme alors de manière schellingienne la "construction" de l'absolu dans la conscience (op. cit., p. 19).Voir à ce propos W.C. Zimmerli, *Die Frage nach der Philosophie, Interpretationen zu Hegels "Differenzschrift"*, Bouvier, Bonn, 1974, p. 99 sq.

19 - *Science de la logique*, Aubier Montaigne, 1972, tome I, Introduction, p.28-29.

20 - *Grundsätze des Denkens*, op. cit., p. 36, tr. fr., p. 75.

21 - *Préface à la Phénoménologie de l'esprit*, op. cit., p. 79 (Je souligne).

22 - Cf. *Gründsätze des Denkens*, op. cit, p. 34, tr. fr., p. 74.

23 - *Qu'appelle-t-on penser ?*, P.U.F., 1959, p. 220.

24 - Cf. *"Urteil und Sein"*, *Hölderlin Werke und Briefe*, Insel, Frankfurt am Main, 1969, Band II, p. 283 ; tr. fr. in *Œuvres*, Pléiade, Gallimard, 1967, p. 282. On trouve également l'expression *"das Sein, im einzigen Sinn des Wortes"* ("l'être, au seul sens du mot") dans la Préface à l'avant-dernière version d'*Hypérion*, écrite à la fin de l'année 1795. Cf. op. cit, Bd I, p. [167] ; tr. fr. p. 1150.

25 - Voir essentiellement l'essai de 1796 intitulé "De la religion". Je me permets de renvoyer ici à mon article "Hölderlin. De la religion" in *Les Cahiers de Fontenay*,

Idéalisme et romantisme, n° 73-74, mars 1994, pp. 221-238, et, pour l'ensemble du développement qui suivra, à un travail en cours sur "Hölderlin et la philosophie" qui se présentera comme une tentative d'articulation d'ensemble des essais théoriques de Hölderlin.

26 - *"Das Werden im Vergehen"*. Ce titre qui n'est pas de Hölderlin lui-même, décrit pourtant fidèlement son contenu. On trouve certes, comme l'indique Beissner dans le commentaire qu'il donne de cet essai, dans la *Grundlage der gesamten Wissenschaftlehre* de 1794 (Meiner, Hamburg, 1956, p. 179) que Hölderlin a lue dès sa parution, la phrase suivante : *"Die charakteristische Form des Wechsels in der Wirksamkeit ist **ein Entstehen durch ein Vergehen** (ein Werden durch ein Verschwinden)"* : "La forme caractéristique du changement dans l'efficacité est un **naître au travers d'un périr** (un devenir au travers d'un disparaître)" (voir la traduction moins littérale d'Alexis Philonenko dans Fichte, *Œuvres choisies de Philosophie première, Doctrine de la science (1794-1797)*, Vrin, 1972, p. 77). Sans doute Hölderlin a-t-il retenu les termes mêmes employés par Fichte ici. Mais il suffit de lire la suite du texte de Fichte pour voir que la pensée qui s'y déploie demeure tributaire d'une ontologie de la substance, puisqu'il prend soin de préciser justement que pour penser le devenir, il faut "entièrement faire abstraction de la substance", car celle-ci "n'entre pas dans le changement".

27 - Cf. les dernières lignes de la *Phénoménologie de l'esprit* : *"Beide zusammen [Geschichte und Wissenschaft], die begriffne Geschichte, bilden die Erinnerung und die Schädelschätte des*

absoluten Geistes, die Wirklichkeit, Wahrheit und Gewissheit seines Throns, ohne den er das leblose Einsame wäre". que Jean Hyppolite traduisait ainsi : "Les deux aspects réunis [histoire et science], en d'autres termes l'histoire conçue, forment la récollection et le calvaire de l'esprit absolu, l'effectivité, la vérité et la certitude de son trône, sans lequel il serait la solitude sans vie" (*La Phénoménologie de l'esprit*, Aubier, tome II, p. 313). Dans sa traduction parue en 1991 chez Aubier, Jean-Pierre Lefebvre traduit (p. 524) *Schädelstätte* par "Golgotha" pour raviver le sens étymologique du mot calvaire qu'a émoussé l'usage fait en français de ce terme pour désigner "les crucifix de pierre des carrefours" alors que l'allemand entend encore clairement la référence au "lieu du crâne", c'est-à-dire à "la colline et à l'ossuaire, au lieu de la Passion du Christ".

28 - Cf. *"Das Werden im Vergehen"*, § 5, *Hölderlin Werke*, op. cit., Band II, p. 641 sq. tr. fr. op. cit., p. 651 sq. (Je propose ma propre traduction dans les passages cités ci-dessous). Le terme de *Herstellung* a ici à la fois le sens de "production" et de "restitution". Que Hegel ait lui aussi pensé la primauté du "disparaître", le fameux passage de la *Préface à la Phénoménologie de l'esprit* qui définit le vrai comme un délire bacchique l'atteste bien, où il est explicitement souligné que "le disparaissant doit plutôt être considéré lui-même comme essentiel et non pas sous la détermination d'une chose fixe qu'il faudrait laisser se déposer, coupée du vrai, hors de lui, on ne sait où, et de même le vrai, à son tour, ne doit pas être considéré comme le positif mort, se tenant immobile de l'autre côté"

(op. cit., p. 109, traduction modifiée). Mais, comme cela a déjà été souligné et le sera encore, Hegel comprend "ce mouvement de naître et de périr" comme la "vie" du concept, et non comme celle, tragique, de ce "monstre" qu'est l'homme, en tant qu'il est structurellement ouvert au divin.

29 - Cf. § 9 de l'essai : "La dissolution de l'individuel-idéal apparaît non pas comme dépérissement et mort, mais comme renaissance, comme croissance, et la dissolution du nouveau-infini non pas comme violence destructrice, mais comme amour et toutes deux ensemble comme un acte créateur (transcendantal) dont l'essence consiste à unir l'individuel-idéal et l'infini-réel".

30 - Voir le § 1 de l'essai où il est dit que que la coïncidence dans le "moment génétique" du déclin et du commencement est "comme le langage expression, signe, présentation d'un tout vivant mais particulier".

31 - La version finale du poème dit précisément :

"Viel hat von Morgen an, / Seit ein Gespräch wir sind und hören voneinander, / Erfahren der Mensch ; bald sind wir aber Gesang" : "Beaucoup a, dès le matin / Depuis qu'un dialogue nous sommes et entendons les uns des autres, / Expérimenté l'homme ; mais bientôt nous serons Plain-Chant."

Je cite ici la traduction que F. Fédier donne de ces vers dans *Acheminement vers la parole*, op. cit., p. 166.

32 - Cf. Nietzsche, *Also sprach Zarathustra*, III (Das Ja-und-Amen-Lied) : *"So aber spricht Vogel-Weisheit : 'Siehe, es gibt kein Oben, kein Unten ! Wirf dich umher, hinaus, zurück, du Leichter ! singe ! sprich nicht mehr ! – sind alle Worte nicht für die Schweren*

176

gemacht ? Lügen dem Leichten nicht alle Worte ? Singe ! sprich nicht mehr !" : "Car ainsi parle la sagesse de l'oiseau : 'Voici, il n'y a pas d'en haut, il n'y a pas d'en bas ! Jette-toi çà et là, en avant, en arrière, toi qui est léger ! Chante ! ne parle plus ! – toutes les paroles ne sont-elles pas faites pour ceux qui sont lourds ? Toutes les paroles ne mentent-elles pas à celui qui est léger ? Chante ! ne parle plus !" (*Ainsi parlait Zarathoustra,* trad. H. Albert, Mercure de France, 1958, p. 245).

33 - *Remarques sur Œdipe, Remarques sur Antigone,* 10/18, 1965, p. 67.

34 - *Ibid.,* p. 49.

35 - *Ibid.,* p. 67.

36 - *Préface à la Phénoménologie de l'esprit,* op. cit., p. 123 sq.

37 - *Remarques,* op. cit., p. 49.

38 - Cf. *"Wie wenn am Feiertage"* : *"So fiel, wie Dichter sagen, da sie sichtbar/ Den Gott zu sehen begehrte, sein Blitz auf Semeles Haus/ Und Asche tödtlich getroffne gebar/ Die Frucht des Gewitters, den heiligen Bacchus".* Je cite la traduction de Michel Deguy et de François Fédier, telle qu'on la trouve dans *Approches de Hölderlin,* Gallimard, 1973, p. 66 : "Ainsi, les poètes le disent, comme elle désirait / Voir de ses yeux le dieu, son éclair tomba sur la maison de Sémélé / Et, cendre mortellement atteinte, elle porta / Fruit de l'orage, le saint Bacchus".

39 - *Remarques,* op. cit., p. 63. Hölderlin évoque ici le *"immer widerstreitende Dialog"* de l'*OEdipe-Roi* de Sophocle et l'intrication *(Ineinandergreifen)* des différentes parties du dialogue lui-même, mais aussi du dialogue et du chœur, le tout se terminant "brutalement" *(factisch),* et non pas par une

réconciliation harmonique, car *"Alles ist Rede gegen Rede, die sich gegenseitig aufhebt"* : "tout est discours contre discours, chacun abolissant l'autre". Un tel dialogue vise en effet "à déchirer l'âme" à "la réceptivité irritée" de ceux qui l'écoutent, car il est "le langage d'un monde" "où le Dieu et l'homme", malgré la "lacune" qui les sépare, "communiquent dans la forme tout oublieuse de l'infidélité". Cette parole "déchirante" et qui ne peut être reçue que dans la colère qui fait naître un contre-discours, c'est la polyphonie discordante de la modernité où pourtant perdure le partage d'un *Ge-spräch* qui s'éprouve dans son impossibilité même.

40 - Héraclite, fragment 54 : "Ἁρμονίη ἀφανὴς φανερῆς κρείσσων", que Heidegger, dans "Terre et Ciel de Hölderlin" in *Approches de Hölderlin*, op. cit., p. 234, traduit ainsi : "Jointure qui refuse d'apparaître est de plus haut règne que celle qui vient au jour".

41 - *Ibid.*, p. 201, où est citée l'ébauche d'hymne intitulé *"Griechenland"* où l'on trouve ces vers, après celui où est dite l'existence de Dieu *(Daseyn Gottes)* comme orage *(Gewitter)* : *"Und Rufe, wie hinausschauen, zur / Unsterblichkeit und Helden"* : "Et des appels, comme regarder au dehors, vers / L'immortalité et les héros". L'homme qui "questionne" ainsi le ciel (*Ibid.*, p. 220), c'est par excellence l'homme grec, c'est-à-dire celui qui se comprend lui-même à partir du regard vers le divin que lui permet son être-debout, qui se définit lui-même comme ἐπι-στάμενος ("habile" ou "savant" parce que se tenant auprès des choses) et qui voit dans la "science"

(ἐπιστήμη), elle aussi nommée dans ce même poème (*Ibid.*, p. 218) le fondement de l'existence humaine.

42 - Secret que Paul Celan nomme dans "Le Méridien" ("Der Meridian", *Ausgewählte Gedicht*, Suhrkamp, Frankfurt am Main, 1968, p. 144), en conjuguant la solitude du *Gedicht* avec ce dont il témoigne en s'y **tenant**, dans ces lignes que je cite ici en ajoutant ma scansion à la sienne : *"Das Gedicht ist* **einsam**. *Es ist einsam und* **unterwegs**. *Wer es schreibt bleibt ihm* **mit**gegeben. / *Aber* **steht** *das Gedicht nicht gerade dadurch, also schon* **hier**, **in** *der Begegnung –* **im Geheimnis der Begegnung** *?"* ("Le poème est **solitaire**. Il est solitaire et **en chemin**. Celui qui l'écrit lui demeure alloué **en partage**. / Mais le poème ne se **tient**-il pas justement par là, et donc déjà **ici**, **dans** la rencontre – **dans le secret de la rencontre** ?". Dans l'original, seuls ces quatre derniers mots sont soulignés). Jamais sans doute il n'a été plus impossible de traduire l'allemand *Gedicht* par le grec ποίησις, lui-même terme tardif pour désigner l'art des Muses, la μουσικὴ τέχνη. Une telle *Dichtung* (le mot vient certes du latin *dictare,* composer, mais on peut aussi le rapprocher de *dichten,* mot d'origine germanique qui veut dire condenser) manifeste en effet la plus extrême con-densation du dire, elle-même née d'une con-tention de pensée à la hauteur de laquelle n'atteint peut-être pas l'*Anstrengung des Begriffs* dont parle Hegel.

43 - Cf. Heidegger, "Sprache und Heimat" (1960) in *Denkerfahrungen*, Klostermann, Frankfurt am Main, 1983, p. 88.

44 - *Ibid.*, p. 112. (Je souligne). Un premier texte consacré

à "Hebel, l'ami de la maison" (Cf. *Questions III*, Gallimard, 1966) p. 43 sq. avait été publié en 1958.

45 - *Unterwegs zur Sprache*, op. cit., p. 208 ; tr. fr. p. 193. L'allemand *Stimme,* dont le sens premier est acquiescement (voir aussi le verbe *stimmen,* être d'accord) dit d'une tout autre façon que le latin *vox* (sons émis par la voix) cet accord qu'est la voix.

46 - *Ibid.*, p. 213 sq. ; tr. fr., p. 199 sq.

EPILOGUE

"τὰ δὲ πάντα οἰακίζει κεραυνός"[1]

Héraclite

LA CHRONO-LOGIE s'interrompt au moment
même où elle fait apparaître l'éclair de la simultanéité qui la rend possible, puisqu'en elle,
comme le disent autant le philosophe[2] que le
poète, ce que nous appelons le commencement
est souvent la fin, la fin étant proprement ce
dont nous partons[3]. Ainsi la **vérité** du transcendantalisme à la fois évasif et fondatif, de
l'archéo-téléologisme de la philosophie réside-
t-elle, du point de vue chrono-logique, en
l'ouverture de l'espace d'une rencontre possible,
qui elle-même a toujours lieu dans l'instanta-
néité d'un "présent" qu'il s'agit, dans l'improvi-

sation, d'habiter, puisqu'il est, comme le souligne Heidegger, ce qui nous attend en venant à notre rencontre et que d'ordinaire on nomme avenir[4]. Ce chemin régressif, cette Odyssée qu'est la philosophie, dont toute la vertu consiste à nous ramener là où nous sommes toujours, mais improprement, déjà, n'a pourtant la forme circulaire de la réflexion absolue que parce qu'il nous ouvre extatiquement au dehors du monde, selon cette réversibilité chère à Merleau-Ponty pour laquelle "le sortir de soi est rentrer en soi et inversement"[5]. Et c'est ce "cercle", qu'on nomme à juste titre "herméneutique", qui paradoxalement nous rend capables d'accueillir la surprise de l'événement, dont l'imprévisibilité s'enlève comme par excès sur le fond de nos anticipations.

C'est cette surprise, sans doute, qui est l'origine de la parole et l'essence même de la voix. Car la parole nous est, dans le ravissement, arrachée, elle sourd de nous malgré nous et ne nous lie à nous-mêmes qu'en passant par le détour immense du monde, et la voix n'est en elle-même que le phénomène de cette auto-hétéro-affection par la vertu de laquelle, comme l'affirme déjà Aristote[6], l'âme humaine s'ouvre à l'étrangeté de l'étant et le pour-soi se fait accueil de l'altérité. La voix serait alors le nom de cet élément qui en l'homme décentre l'homme[7] et l'ouvre à ce qu'il n'est pas. La synchronie par laquelle seule peut se constituer l'ipséité n'advient pas en effet au profit d'elle-même, mais pour au contraire nous transporter extatiquement jusqu'à ce qui nous arrive et qui, en arrivant, nous met littéralement au monde. C'est pourquoi c'est d'un seul coup et comme en un éclair que le temps, dans l'expérience césurante de la rencontre, se présente et qu'ainsi il apparaît, non seulement, comme les poètes l'ont clairement aperçu, en son entièreté[8], mais aussi dans cette paradoxale immobilité que les philosophes ont à leur tour été capables de reconnaître en lui[9]. En ce point d'indifférence, là où advient l'éclair de cette co-appartenance de l'homme et de l'être que Heidegger nomme *Ereignis*[10], l'impossible alliance de la réceptivité et de la spontanéité, de l'activité et de la passivité a pourtant lieu, ou plus précisément elle **donne** lieu à la pluralité des rythmes et des temps, à la multiplicité des êtres et des choses. Mais cela, sans doute, seul un poète peut véritablement l'évoquer :

"At the stillpoint of the turning world. Neither flesh nor fleshless Neither from nor towards ; at the still point, there the dance is, But neither arrest nor movement. And do not call it fixity, Where past and future are gathered. Neither movement from nor towards,

Neither ascent nor decline. Except for the point, the still point, There would be no dance, and there is only the dance."[11]

"Au point immobile du monde qui tourne. Ni chair ni hors chair Ni venant de, ni allant vers ; au point immobile, là est la danse Mais ni arrêt ni mouvement. Et n'appelez pas fixité Le lieu où passé et futur se rassemblent. Ni mouvement venant de Ni mouvement allant vers,

Ni ascension ni déclin. N'était le point, le point immobile, Il n'y aurait pas de danse, et il y a seulement la danse."

Est-il en effet possible, dans nos langues occidentales, si fortement marquées par l'empreinte de la métaphysique et dans lesquelles les contraintes exercées par les fonctions grammaticales donnent une si grande importance à la prédication et à la notion de sujet[12], de laisser venir à la parole l'événement silencieux de la rencontre ? Ce qui ne peut se dire, se lit peut-être en effet à l'envers, au verso d'une écriture qui célèbre inlassablement le deuil de la présence dans la dissémination infinie des signes[13]. Mais il est peut-être aussi possible de **faire** directement signe – au sens du *Wink* et non du *Zeichen*[14] – vers l'événement dans les silences d'une parole contenue, et par la grâce advenue d'une métamorphose non de la langue elle-même, mais bien de notre rapport au langage, là où "la rigueur de la pensée, l'attention vigilante du dire et l'économie des mots retrouvent un tout autre crédit que celui qu'ils ont eu jusqu'alors"[15].

Car, en cette heure où chacun se voit commandé de publier ses moindres brouillons, où il y a déjà plus d'auteurs supposés que de véritables lecteurs, et où la pensée, oubliant qu'elle a sa source nocturne dans l'assomption de la mortalité, se commet toujours davantage avec le journalisme et cède à l'illusion de la transcendance de l'histoire, il s'agit plus que jamais de rappeler que le penseur, tout comme le poète, "se remarque à la quantité de pages insignifiantes qu'il n'écrit pas"[16] et que toute parole, dans le risque extrême de sa profé, n'advient que comme un hommage au silence qu'elle a pour unique vocation de faire, si possible, entendre.

Notes

1 - Fragment 64 : "La foudre gouverne toutes choses"

2 - Cf. Hegel, *Préface à la Phénoménologie de l'esprit,* op. cit., p. 49 : "Le vrai est le devenir de soi-même, le cercle qui présuppose sa fin comme son but et a cette fin comme son commencement, et qui n'est effectif que par son accomplissement et sa fin".

3 - Cf. T. S. Eliot, "Little Gidding" in *Four Quartets*, Faber and Faber, London, Boston, 1989, p. 47 : *"What we call the beginning is often the end / And to make an end is to make a beginning./ The end is where we start from."*

4 - Heidegger, *Unterwegs zur Sprache*, op. cit., p. 213 : *"die Gegen-wart, die uns entgegenwartet und sonst die Zukunft heißt"*. Heidegger joue ici sur le mot *Gegenwart,* qui est en allemand le nom du présent, mais qui signifie littéralement, comme le souligne le traducteur dans une note (tr. fr. p. 199), ce qui, tourné vers nous, nous attend et est donc l'à-venir au sens propre.

5 - Merleau-Ponty, *Le visible et l'invisible*, Gallimard, 1964, p. 252.

6 - C'est en effet dans le Περι Ψυχῆς qu'Aristote affirme, comme Heidegger le souligne dans *Sein und Zeit* (op. cit., p. 14) que "L'âme est en quelque sorte tous les étants" (*De*

l'âme, 431 b 21) car il y a en elle un intellect "capable de devenir toutes choses" (*Ibid.*, 430 b 14).

7 - Heidegger parlait en effet déjà dans "Ce qui fait l'être-essentiel d'un fondement ou raison" (*Questions I*, op. cit., p. 141, note) de l'être "ek-statique, c'est-à-dire **ex-centrique** du *Dasein*".

8 - C'est le cas, par excellence, de Hölderlin (Je me permets de renvoyer ici à *Hölderlin. Le retournement natal*, p. 69 sq.), mais aussi de T. S. Eliot pour lequel le rassemblement du temps dans la pointe du présent constitue le thème le plus constant de *Four Quartets* (op. cit.).

9 - Heidegger, en affirmant que "Le temps lui-même en l'entier de son déploiement ne se meut pas et est immobile et en paix." (*Acheminement vers la parole*, op. cit., p. 200), fait en effet écho à Kant et à Husserl qui ont tout deux reconnu, à l'intérieur de l'écoulement temporel lui-même, la présence d'un temps qui demeure et ne change pas. (Je me permets de renvoyer à ce propos à mon article "Le temps et l'autre chez Husserl et Heidegger" in *Alter*, Revue de Phénoménologie, n° 1, 1993, p. 389 sq.)

10 - Cf. "Identité et différence" in *Questions I*, op. cit., en particulier p. 270, et "Le tournant" in *Questions IV*, op. cit., p. 149 sq.

11 - T.S. Eliot, "Burnt Norton" in *Four Quartets*, op. cit., p. 15.

12 - Voir ce que Heidegger dit des langues occidentales à la fin de "Identité et différence" (*Questions I*, op. cit., p. 307 sq.), passage qui fait écho au § 20 de *Par-delà le bien et le mal* (Livre de Poche, 1990, p. 69 sq.) dans lequel Nietzsche, dans une grande proximité à Humboldt, reconnaît le fondement

grammatical unitaire du "singulier air de famille des philo-sophies indiennes, grecques et allemandes" et s'interroge sur les interprétations du monde sans doute tout autres que développeraient les penseurs appartenant à d'autres groupes de langues.

13 - Cf. J. Derrida, *La carte postale*, Flammarion, 1980, p. 140, 209, 212. Dans une certaine distance par rapport à une telle conception qui voit dans l'écriture une *via negativa*, voici ce que dit Nietzsche dans le § 93 du *Gai savoir* : "Ecrire m'irrite ou me fait honte ; écrire est pour moi un besoin [...] je n'ai pas encore trouvé d'autre moyen de me **débarasser** de mes pensées" (Idées, Gallimard, 1950, p. 131).

14 - Cf. *Acheminement vers la parole*, op. cit., p. 109, note du traducteur. Alors que le *Zeichen* (signe au sens de marque ou d'indice) désigne indirectement une chose non actuellement présente, le *Wink* (signe au sens de geste) donne immédiate-ment à voir, fait directement apparaître ce qu'il s'agit de penser. C'est en ce sens que Heidegger laisse entendre que le faire signe est le trait fondamental de la parole.

15 - Heidegger, Lettre à Jean Beaufret du 23 novembre 1945 in *Lettre sur l'humanisme*, op. cit., p. 181.

16 - René Char, "A une sérénité crispée", *Œuvres*, op. cit., p. 753.

NOTE SUR LA BIBLIOGRAPHIE

L'usage veut que le travail de thèse soit accompagné d'une bibliographie. Je n'ai cependant pas jugé nécessaire de me conformer à cet
usage, étant donné l'abondance – sans doute ex-
cessive – des notes ajoutées au texte qui précède. Il m'a néanmoins toujours semblé extrê-
mement important, et cela vaut, selon moi, pour
toute tentative de pensée, de ne pas omettre de
citer ses sources. Ce devoir est d'autant plus im-
périeux que la pensée est moins "puissante" et
qu'elle prétend moins à "fonder" l'édifice d'un
mode "original" de pensée. C'est pourquoi l'absence en cette place d'une bibliographie détaillée

a d'autant moins la signification d'une négligence ou d'une insolence qu'elle témoigne au contraire que ce bref écrit circonstanciel n'a eu d'autre prétention que d'"habiter" les interstices d'une tradition qu'il ne s'est agi à aucun moment pour moi de "réfuter" ni même de "renouveler", mais simplement de **faire apparaître** dans la lumière d'une question, celle du temps, dans l'espoir de la voir, à partir de là, s'ouvrir **en elle-même** et **par elle-même** à d'autres traditions de **pensée**. C'est en tout cas dans cette perspective que j'ai, pour ma part, toujours situé la critique heideggérienne de la métaphysique, en tant qu'elle demeure inséparable de l'assomption d'un "héritage" qui n'est véritablement nôtre que parce que, dans sa traditionalité vivante, il "n'est précédé d'aucun testament"[1]. Car, pour finir sur cette autre parole de René Char que Jean Beaufret a plus d'une fois, avec raison, associée à la *Destruktion* heideggérienne :

> *"Enfin si tu détruis,*
> *que ce soit avec des outils nuptiaux"*[2].

Notes

1 - René Char, "Feuillets d'Hypnos" n° 62, *Œuvres complètes,*
op. cit., p. 190.

2 - *Ibid.*, "Les Matinaux", p. 335.

Chrono-logies[1]

Peut-on dire l'éclair de la présence ? Telle est la question qui s'était déjà formée en moi en classe de philosophie, lorsque, suivant les conseils de mon professeur, Monique Dixsaut, je m'enfonçais en même temps dans la lecture de *La pensée et le mouvant* de Bergson et de *La volonté de puissance* de Nietzsche dans la traduction de Geneviève Bianquis. Il me semblait alors que seule la poésie peut parvenir, par l'extrême condensation du dire qu'elle accomplit, à exprimer la mouvance du réel, ce "changement sans chose qui change" dont parle Bergson, puisque

comme Nietzsche le faisait clairement apparaître, cette "grammaire métaphysique" qu'est la
philosophie consiste à doubler l'événement du
devenir d'un arrière-monde peuplé de substrats
et d'entités imaginaires.

Il a fallu, quelques années plus tard, la rencontre de la phénoménologie, à laquelle je fus ini-
tiée, diversement, par Paul Ricœur et Jacques
Derrida, qui enseignaient alors tous deux à la
Sorbonne, pour que cette question se voit re-
lancée. C'est moins alors dans la perspective
d'une critique radicale de l'ontologie, selon le
modèle nietzschéen qui ne voit en l'être qu'une
"vapeur de mot", que dans l'horizon husserlien
et surtout heideggérien d'une **ontologie phénoménologique** que j'ai été amenée à formuler la
même interrogation dans le mémoire de maîtrise que, sous la direction de Paul Ricœur, j'ai
consacré en 1966 à "Langage et ontologie chez
Heidegger". Car je voyais dans cette ontologie
phénoménologique non plus la **science** d'un être
identifié à ce que Heidegger, à la suite de Husserl, nomme *Vorhandenheit,* c'est-à-dire la sub-

sistance ou la pré-sence déjà accomplie d'un être-substrat, qui, comme tel, ne peut demeurer que dans l'au-delà d'un arrière-monde, mais la **venue au langage** d'un être au sens verbal qui se confond avec l'avènement même du temps et ne renvoie à aucun autre règne qu'à celui de la phénoménalité.

C'est ainsi que j'ai été conduite, en prenant pour fil conducteur la tentative heideggérienne de "réforme" du langage de la métaphysique, à m'intéresser durablement au statut de la discursivité propre au mode de pensée occidental en tant qu'il repose sur la proposition prédicative et qu'il est solidaire d'une conception déterminée de la logique philosophique. La question de la possibilité d'un usage de la langue et d'une logique phénoménologiques qui soient accordés à la "temporalité de l'être" était alors devenue l'axe principal de ma réflexion. Car il m'était apparu nécessaire, après mon entrée à l'Université en qualité d'assistante, de donner à cette question la forme académique d'un sujet de thèse d'Etat que j'intitulais, de manière assez vague, "Heidegger et le langage" et que Paul Ricœur avait, malgré l'imprécision du projet, généreusement accepté de diriger, il y a de cela exactement vingt ans, à une époque où mon véritable lieu de travail était son Séminaire de Phénoménologie et d'Herméneutique de l'Avenue Parmentier à Paris. Il me faut avouer que j'ai alors quelque peu cédé à l'illusion qui consiste à se croire le propriétaire d'une thématique et l'inventeur d'une question et que c'est dans cette croyance que je me suis employée, pendant les années qui suivirent, à amasser les matériaux de ce qui aurait dû prendre la forme d'un travail universitaire de longue haleine.

Je n'avais alors pas encore pris la mesure de la profonde ironie qui régit toute entreprise de pensée et de l'insondable naïveté qui nous pousse à nous imaginer maîtres de nos propres questions, alors que ce sont elles qui en réalité nous conduisent parfois là même où nous ne voulons pas aller. Il m'a fallu en effet plusieurs années et la conjonction de diverses circonstances pour que je m'aperçoive que le projet d'une thèse consacrée à Heidegger était pour moi irréalisable. L'analyse, poursuivie pendant toute cette période, de ce que l'on désigne habituellement, dans la perspective de ce que Nietzsche nommerait à bon titre un "historicisme antiquaire", comme le "corpus" d'un auteur, m'avait amenée, de manière de plus en plus décisive, à considérer l'œuvre de Heidegger moins comme constituant un objet d'étude en lui-même que comme une invitation à ce qu'il nomme un *Gespräch,* un dialogue avec les penseurs. C'est donc en suivant scrupuleusement les indications de Heidegger lui-même que je me suis trouvée engagée dans la lecture non seulement des textes fondamentaux, grecs et allemands, de la pensée occidentale, mais aussi de ceux des penseurs appartenant au sens large au mouvement "phénoménologique". Il n'était plus dès lors question d'envisager de donner une forme achevée à une enquête qui s'annonçait justement interminable et qui trouvait d'ailleurs en elle-même sa propre justification, puisqu'elle suffisait amplement au bonheur lié à cette fête qu'est le simple exercice de la pensée, cette activité qui n'a nul besoin de s'extérioriser dans des œuvres.

C'est dans ces dispositions que je me plais à considérer comme éminemment philosophiques, la philosophie se confondant pour moi avec cette pratique de l'enseignement à propos de laquelle Heidegger souligne à juste titre que c'est celui qui enseigne qui y apprend le plus, que je décidai de renoncer à la monumentale thèse d'état française, tout en ayant en même temps la conscience aigue d'avoir ainsi manqué à remplir le contrat tacite qui me liait à l'institution. Cette décision a pourtant permis que, désormais ouverte aux sollicitations qui m'étaient adressées, je me risque, dans des conférences ou dans des articles, à donner une synthèse momentanée des lectures que j'avais entreprises et que je fasse ainsi ressortir les points nodaux de ce que l'on nomme conventionnellement une "recherche" philosophique, alors que cela m'apparaît, pour ma part, plus proche de la méditation, et même, plus prosaïquement, de cette "rumination" dont parle Nietzsche. Car il est clair, en ce qui concerne en particulier mes "travaux" (autre terme conventionnel) de ces dix dernières années, que loin de former un ensemble disparate, ils se recoupent au contraire parfois si étroitement que, bien que traitant de thèmes et même d'auteurs différents, ils s'exposent au danger de la répétition. Il ne faut donc pas voir dans leur succession les marques d'un itinéraire philosophique menant à ce qui constituerait le terme d'un parcours, mais plutôt une sorte de cheminement sur place, dans l'effort, plusieurs fois réitéré, de saisir dans l'entrelacement de ses faces multiples la configuration complexe d'une question qui demeure vivacement la même.

Ce sont donc ces "exercices" ou ces "essais" que je vais m'efforcer de "défendre" maintenant, puisque l'offre généreuse que m'a faite Jacques Taminiaux de m'accueillir ici pour y présenter l'ensemble de mon travail m'a convaincue qu'il était temps que je m'acquitte, à ma manière, de la dette contractée à l'égard de l'institution nommée Université. Nul lieu ne me semble en effet mieux approprié pour cela que Louvain, dont le

nom est attaché de si étroite façon à la phénoménologie et où celle-ci est toujours demeurée
une forme de pensée vivante, en particulier dans
le Centre d'études phénoménologiques dirigé par
Jacques Taminiaux, dont j'ai suivi de loin les
travaux. Car de la phénoménologie, il faut re-
dire, après Heidegger, qu'elle ne constitue pas
seulement un "point de vue" ou un "courant"
de la philosophie, mais la seule méthode qui lui
convienne et qu'exprime parfaitement la maxime
husserlienne du retour aux choses elles-mêmes.
"Phénoménologie" est en effet pour moi – ce
serait là ma toute première "thèse", celle qui sous-
tend toutes les autres – le "vrai" nom d'une philosophie qui se soucie moins de chercher la vérité "derrière" les apparences que de s'ouvrir à la
donation *hic et nunc* d'un être qui, loin de s'iso-
ler sous la figure d'un absolu sans liens, n'est au
contraire rien d'autre, dans sa finitude, que le
rapport qu'il entretient avec nous. C'est cette
"phénoménologie de la finitude", selon la belle
formule de Jan Patočka, qui, contrairement à la
phénoménologie de l'esprit hégélienne, ne peut

être édifiée qu'en rompant avec l'idée d'une maîtrise absolue de la phénoménalité, que j'ai vue par excellence à l'œuvre dans la pensée de Heidegger, sans que cela m'éloigne pour autant de la lecture toujours assidûment poursuivie des textes de Husserl, auxquels m'introduisirent de manière décisive tout autant les abondantes notes qui accompagnent la traduction que Paul Ricœur a donnée en 1950 des *Idées directrices pour une phénoménologie* que le long commentaire de *L'origine de la géométrie* que Jacques Derrida a publié en 1962.

Car c'est avec raison qu'on a parlé d'un "mouvement" et non pas d'une "école" phénoménologique, et c'est dans cette mouvance qui conjugue au lieu de les opposer les noms de Husserl et de Heidegger que j'ai toujours tenté de me tenir, en suivant l'exemple de ceux qui se sont trouvés "pris" entre les deux penseurs et qui ont, non certes sans difficultés, travaillé à maintenir l'unité de la phénoménologie : Eugen Fink, Jan Patočka, et en France, Merleau-Ponty. On ne peut en effet, comme l'a bien montré ce dernier, voir unilatéralement dans la phénoménologie husserlienne une philosophie de l'intentionnalité qui manifesterait la maîtrise absolue du sens par le sujet, mais il faut savoir aussi y reconnaître les marques, en particulier sous les noms d'intentionnalité opérante et de genèse passive, d'un discours de la non-présence du sujet à lui-même qui ouvre décisivement celui-ci à la transcendance temporelle. C'est la raison pour laquelle la lecture des textes de Husserl constitue pour moi non seulement cette "école de la rigueur" qu'on s'accorde légitimement à y voir et par laquelle il est bon de passer, mais aussi un lieu permanent de séjour. Il m'a semblé essentiel, dans les courts essais que j'ai consacrés à Husserl, de mettre l'accent non seulement sur l'élargissement considérable qu'y subit, dans la sixième *Recherche logique*, la notion d'intuition, point crucial pour Heidegger, qui a vu dans l'intuition catégoriale le point de départ de sa propre question de l'être, mais aussi de manière moins strictement heideggérienne, sur tout ce qui empêche de considérer la phénoménologie transcendantale comme une simple reprise du cartésianisme, sur l'importance et la précocité dans la pensée de Husserl de la problématique de l'intersubjectivité, sur la nature tout à fait singulière de son idéalisme qui l'apparente à un "vrai" positivisme, et surtout sur la critique qu'il fait de la chose en soi et de la théorie kantienne des deux modes d'intuition, originaire et dérivée, qui le conduit, en refusant l'idée d'un infini actuel, à conférer au temps, dans une étrange proximité avec Nietzsche, une toute nouvelle importance ontologique, puisque l'éternité supposée des idéalités et vérités logiques se révèle n'être qu'une omnitemporalité, c'est-à-dire en fin de compte un mode de la temporalité.

Refusant ainsi de jouer Heidegger contre Husserl, ma réflexion s'est déployée dans deux directions complémentaires : à la fois celle de l'investigation de la fondation husserlienne d'une "logique pure" et de la théorie de la signification qui la sous-tend en tant qu'elle est le corollaire d'une problématique **génétique** de la phénoménologie qui conduit au niveau de la *Krisis* à l'idée d'une historicité paradoxale de la vérité, et celle de l'analyse de la *Destruktion* heideggérienne de la théorie du langage et de la logique traditionnelles, qu'il s'agit moins de comprendre comme le rejet de la logique et la promotion de l'irrationalité que comme la reconduction de la logique traditionnelle à son fondement temporel, c'est-à-dire à un sens du λόγος plus large que celui qui le cantonne à la structure de la proposition prédicative.

Il fallait d'abord pour cela mettre au clair ce qui constitue l'armature même de la pensée de Heidegger et c'est ce que j'ai tenté d'exposer dans un petit livre paru en 1990 sur *Heidegger et la question du temps*[2]. Car dès 1927 il ne s'agit nullement pour Heidegger d'inscrire sa question fondamentale dans le champ déjà circonscrit de la philosophie, mais au contraire de questionner sur la condition de possibilité de celle-ci et de mettre au jour les racines de la rationalité occidentale. La philosophie se détermine avec Platon et Aristote comme cette forme de pensée qui prétend rendre compte de ce qui est **présen-**

tement donné, de l'étant comme tel, sans faire appel à une origine d'un autre ordre, et en rompant ainsi avec le mode de pensée mythologique. Dès lors la question de Heidegger porte sur la condition de possibilité de la compréhension de l'être comme **présence constante** chez les philosophes grecs et leurs héritiers. Qu'est-ce qui rend possible la compréhension de l'être à partir d'une dimension déterminée du temps, le présent ? Telle est en son sens le plus brut la question qui est à l'origine de *Être et temps*. Il ne s'agit pas en effet pour Heidegger d'opposer le temps et le devenir à l'être et de ne voir en ce dernier que la "fiction vide de sens" qu'y voyait Nietzsche, mais bien au contraire de mettre en évidence la connexion secrète de ce que nous appellons "être" avec le temps. Ce qui rend possible le discours rationnel, la logique occidentale, c'est une certaine compréhension de l'être dans l'horizon du temps qui régit le comportement de cet être ouvert à lui-même et aux autres étants que Heidegger nomme *Dasein* et que sa temporalité intrinsèque définit comme un être essentiellement en vue de la mort. C'est donc la temporalité finie de l'exister qui est à la source de l'idée d'être sur laquelle se fonde la rationalité occidentale. Ce qui est ainsi mis en évidence, c'est que la philosophie n'est pas une "pure" théorie et que l'ontologie ne peut jamais être détachée de sa racine existentielle concrète. La science de l'être est par conséquent une science **temporale** qui ne peut nullement se fonder ni sur l'intemporalité de la raison ni sur l'éternité de la vérité, ces deux pré-supposés fondamentaux de la logique traditionnelle.

C'est dans cette dernière perspective d'une interrogation sur le sens de la suprématie de la logique dans la pensée occidentale que j'ai alors dirigé mon travail, surtout dans le cadre de mon enseignement, sur l'idéalisme allemand et en particulier sur la logique dialectique hégélienne, puisque celle-ci se présente comme la tentative la plus puissante de soumettre l'être aux impératifs de la raison. L'identification chez Hegel de la logique et de l'ontologie prend cependant la forme d'un dépassement de la logique traditionnelle et de ses principes fondateurs, les principes d'identité et de non-contradiction. Mais cette reconnaissance de la contradiction comme moteur du mode dialectique de pensée a lieu dans le cadre de la proposition prédicative qui, loin d'être remise en question, continue de former la structure fondamentale de la proposition spéculative dans laquelle le sujet et le prédicat ne font qu'échanger leur position. La dialectique hégélienne manifeste ainsi la culmination de la thèse de la logicité de l'être dans laquelle Nietzsche verra l'essence même de la métaphysique.

N'y a-t-il pas pourtant un autre mode de la pensée qui, tout en faisant place à la contradiction ou plutôt au conflit, ne se donne cependant pas comme la reconduction du λόγος ἀποφαντικός sur lequel repose tout l'édifice de la logique traditionnelle, mais constitue plutôt sa mise en question radicale ? C'est en posant cette question que j'ai été amenée à m'intéresser aux essais théoriques de Hölderlin plus encore qu'à ses poèmes, en suivant là aussi une indication de Heidegger qui a vu en Hölderlin celui qui traverse et brise l'idéalisme spéculatif que Hegel travaille à constituer. Le petit opuscule que j'ai consacré à la réflexion hölderlinienne sur la tragédie[3] et qui, comme la presque totalité des écrits présentés ici, est le texte d'un cours, n'est à vrai dire qu'un fragment d'un projet plus vaste qui devrait tenter de faire apparaître la spécificité du mode de pensée hölderlinien en tant qu'il relève d'une "logique" qui obéit au principe de ce que l'on pourrait nommer son intuition matricielle, celle de l' Ἕν διαφέρον ἑαυτῷ, de l'Un différant de lui-même. Cette "logique poétique", selon les termes de Hölderlin lui-même, est l'expression de la dynamique temporelle et du déchirement originel, de l'*Ur-teilung* d'une totalité qui ne se donne jamais que sous un visage historique singulier. Car ce qui m'est apparu à la lecture des *Remarques sur Sophocle*, c'est la coïncidence du moment antirythmique de la césure avec celui de la parole, la concomittance de la suspension de la succession des représentations et de l'apparition de l'entièreté du temps sous la figure du divin, ce qui implique que ce n'est que dans la séparation qu'advient la plus intense intimité avec le tout et dans la parole humaine seule qu'apparaît la "monstrueuse" et sublime inhumanité du monde.

C'est alors en reprenant à Heidegger lui-même l'expression et l'idée d'une "chrono-logie phénoménologique" que j'ai tenté d'esquisser à grands traits l'ensemble de la problématique qui m'a conduite à interroger de manière privilégiée les textes de cette trinité philosophico-poétique que j'ai plus particulièrement élue comme mienne : Husserl, Heidegger, Hölderlin. Car ce que Heidegger entendait en 1926 par chronologie, ce n'est certes pas la science historique du même nom, mais une discipline qui a pour tâche d'investiguer la temporalité des phénomènes et elle répond, dans cette période qui est celle de la rédaction de *Être et temps,* à l'exigence qui est alors celle de Heidegger d'une *"Destruktion"* de la logique traditionnelle et du développement d'une logique proprement philosophique qui parviendrait à réinsérer dans ses propres énoncés le moment temporel qui a été effacé dans le processus de formalisation et qui rendrait à l'ἀπόφανσις son sens véritable de **présentation** des phénomènes. En ce sens chronologie signifie donc bien logique de la temporalité par opposition à la logique formelle traditionnelle. Mais parce que le λόγος dont il est question ici n'a plus le sens formel qui est le sien dans la tradition philosophique, une telle chrono-logie ne peut nullement être fondée à la manière d'une science apriorique ni se voir assignée des conditions transcendantales de possibilité, elle ne peut en quelque sorte que s'esquisser elle-même inchoativement *in actu* et n'exister que dans sa propre attestation.

C'est la raison pour laquelle, nul traité de la méthode n'étant à cet égard possible, une telle "logique" de la temporalité ne peut être qu'improvisée dans une "précipitation" joyeuse qui ne débouche sur aucune architectonique nouvelle, ce qui implique que d'une certaine façon, elle ne relève plus du "philosophique" au sens strict. Elle exige en effet le **saut** dans l'événement de la présence et la prise en vue de cet invisible ou inapparent de principe qu'est l'entrée en présence du présent, alors que la philosophie, dans son transcendantalisme "évasif", au lieu de s'installer dans le devenir, tente de le reconstruire à rebours en partant de son résultat. C'est cet **anachronisme** fondamental de la démarche philosophique que j'ai tenté de mettre en lumière en soulignant qu'il provient du logicisme inhérent à la tradition occidentale qui, parce qu'elle a détaché l'énoncé apophantique de l'événement existential et herméneutique dont il est le résultat, a réifié sous la figure détemporalisante de la *Vorhandenheit,* de la présence déjà accomplie, à la fois la parole et ce dont il est parlé. La logique se voit ainsi entièrement dérivée de cette "ontologie de la pré-sence" dont la dénégation de la finitude de l'exister constitue le sens existentiel.

Il me faut en effet souligner pour finir que, sur toutes ces questions essentielles, et en particulier sur celle du privilège dévolu à la présence dans la tradition occidentale, le travail de Jacques Derrida a constitué pour moi, dès le départ, une extraordinaire stimulation et que, comme beaucoup d'autres, je suis demeurée, en grande partie d'ailleurs à son insu, constamment en *Gespräch* avec lui. Je ne me suis pourtant jamais sentie liée par ce qu'il a lui-même nommé ses "positions" et ce qui s'est présenté comme sa "thèse" d'un logocentrisme et d'un phonocentrisme caractéristiques de l'ensemble de la pensée occidentale a toujours été pour moi, pour reprendre exactement les termes de Heidegger à propos de l'intentionnalité husserlienne, non pas "un mot de passe" mais bien "le titre d'un **problème** central"[4]. J'ai pour ma part plutôt été tentée de voir dans le λόγος, à condition de le comprendre dans son moment naissant et non pas dans son résultat, cet élément d'excentrement qui ouvre la ψυχή humaine à tout ce qu'elle n'est pas, et l'importance dévolue par la tradition occidentale, jusque dans ses racines indo-européennes, à la vivacité de la parole et au souffle de la voix, ne m'est nullement apparue incompatible avec cette "excentricité" que Heidegger reconnaît au *Dasein*[5] que sa temporalité extatique arrache dès l'origine à la présence à soi.

Par la reprise du questionnement heideggérien, il s'est en effet agi pour moi, moins de réfuter la tradition occidentale que de la faire apparaître dans la lumière d'une question, celle du temps, car cette tradition ne nous transmet ce don qu'est son impensé[6] que dans la mesure où elle demeure pour nous une traditionalité vivante qui ne se réduit pas à un matériau mort ou à un capital doctrinal dont il s'agirait d'assurer la gestion. C'est à une telle **revivescence** de la tradition que Heidegger donnait le nom de *Destruktion*[7] et je dois avouer que cette entreprise d'ébranlement de la culture académique a toujours trouvé en moi un écho profond.

Car, comme sans doute tous ceux qui, comme moi, ne sont pas nés dans la culture et, ne s'en sentant pas les "héritiers" naturels, ont dû difficilement s'approprier le savoir, je ne me sens pas toujours très à l'aise au sein de l'université et parmi ceux que Jacques Taminiaux nomme, de manière très hölderlinienne, les "penseurs professionnels" – *die Berufsdenker*. C'est pourquoi

les relations que j'ai entretenues avec la philosophie qui, depuis son commencement platonicien, s'est confondue avec l'institution scolaire,
ont parfois été un peu tendues et que, loin de
m'y sentir dans la familiarité d'un chez soi, j'ai
toujours au contraire été attirée par ce que
Merleau-Ponty nommait son "dehors", lequel a
pris pour moi les visages divers de la poésie, du
dessin et de l'orientalisme. Si pourtant je suis
demeurée "en" philosophie, c'est parce qu'il m'est
apparu assez tôt que la "vraie" philosophie n'a
nullement besoin d'être défendue contre les con-
taminations qui lui viendraient du dehors car
elle est en réalité, comme la théologie du même
nom, une philosophie "négative" qui ne promeut
la positivité d'aucune vérité définitive, d'aucun
ordre absolu transcendant par rapport à la vie,
et qu'elle se veut plutôt, lorsqu'elle répond à son
intention la plus propre, non-philosophie, c'est-
à-dire, à travers ce singulier retournement de
l'activité en passivité qu'on nomme expérience,
accomplissement de la vie **en même temps** que
sa reprise réflexive, pensée non du surplomb,

mais du chiasme. Car, comme l'écrivait Merleau-
Ponty dans l'une des notes du cours justement
intitulé "Philosophie et non philosophie depuis
Hegel" qu'il a fait au Collège de France en 1961,
année de sa mort et de ma première lecture de la
Phénoménologie de la perception :

> "La vraie philosophie se moque
> de la philosophie, est aphilosophie"[8].

Notes

1 - Exposé prononcé lors de la "défense" de la thèse de doctorat à l'Université de Louvain (Belgique) le 19 juin 1993 devant un jury présidé par M. Troisfontaines, président de l'Institut Supérieur de Philosophie, et composé de MM. Derrida, Gérard, Ricœur et Taminiaux ("promoteur" de la thèse).

2 - Paru en 1990, P.U.F., "Philosophies" n° 26.

3 - *Hölderlin, Tragédie et modernité*, Encre Marine, 1992.

4 - Voir la "Remarque préliminaire de l'éditeur", en l'occurrence Martin Heidegger, aux *Leçons pour une phénoménologie de la conscience intime du temps* de Husserl, op. cit., p. XII.

5 - Voir "Ce qui fait l'être-essentiel d'un fondement ou 'raison'" in *Questions I*, Gallimard, 1968, p. 141, note 1.

6 - Cf. Heidegger, *Qu'appelle-t-on penser ?*, P.U.F., 1959, p. 118 : "L'im-pensé, dans une pensée, n'est pas un manque qui appartienne au pensé. L'*im*-pensé n'est à chaque fois tel qu'en tant qu'il est im-*pensé*. Plus une pensée est originelle, plus riche devient son im-pensé. L'impensé est le don le plus haut que puisse faire une pensée."

7 - Cf. *Sein und Zeit*, op.cit., p. 22 sq.

8 - Cf. M. Merleau-Ponty, *Notes des Cours au Collège de France (1958-59 et 1960-61)*, Gallimard, 1996, p. 275.

TABLE

221

Du même auteur

Heidegger et la question du temps,
    P.U.F., 1990 (Collection "Philosophies" n° 26),
    troisième édition, 1999.
Hölderlin, Tragédie et modernité,
    Encre Marine, 1992, Fougères 42220 La Versanne.
    (épuisé, repris dans *Hölderlin, Le retournement natal*).
*Dire le temps, Esquisse d'une chrono-logie
    phénoménologique,*
    Encre Marine, Fougères 42220 La Versanne, 1994, épuisé.
La mort, Essai sur la finitude,
    Hatier, Paris, 1994 (Collection "Optiques" n° 210).
Husserl, Des mathématiques à l'histoire,
    P.U.F., 1995 (Collection "Philosophies" n° 60) 1995,
    deuxième édition, 1999.
Hölderlin, Le retournement natal,
    Encre Marine, 1992, Fougères 42220 La Versanne.
Comment vivre avec la mort ?
    Editions pleins feux, 1998.
Chair et langage, Essais sur Merleau-Ponty,
    Encre Marine, 2001, Fougères 42220 La Versanne.

Achevé d'imprimer en février 2002
sur les presses de l'imprimerie Chirat (42540 St-Just la Pendue),
pour le compte des éditions
encre marine
Fougères, 42220 La Versanne,
selon une maquette fournie par leurs soins.
Dépôt légal : février 2002
ISBN : 2-90942-61-5

Catalogue des livres disponibles
imprimés à l'encre bleu marine
sur papier vergé
prix au 1° juillet 2003

Ouvrages brochés et non rognés

François SOLESMES
D'un rivage
ISBN : 2-909422-02-x / px : 20 euros
Claude GAUDIN
(Préface de François DAGOGNET)
Jünger, pour un abécédaire du monde
ISBN : 2-909422-03-8 / px : 19 euros
Roger MUNIER
L'Être et son poème
Essai sur la poétique d'André FRÉNAUD suivi d'une glose inédite du poète
ISBN : 2-909422-04-6 / px : 21 euros
Nicolas GRIMALDI
L'ardent sanglot (Cinq études sur l'art)
ISBN : 2-909422-08-9 / px : 25 euros
Nicolas GRIMALDI
Partie réservée à la correspondance
ISBN : 2-909422-09-7 / px : 10 euros
Friedrich NIETZSCHE
Introduction aux leçons sur l'*Œdipe-Roi* de Sophocle
Introduction aux études de philologie classique
Traduit par Françoise DASTUR et Michel HAAR et présenté par Michel HAAR
ISBN : 2-909422-11-9 / px : 18 euros
Nicolas GRIMALDI
Le soufre et le lilas (Essai sur l'esthétique de Van Gogh)
ISBN : 2-909422-15-1 / px : 31 euros
Zheng BANQIAO
Lettres familiales
(Traduction de Jean-Pierre Diény)
ISBN : 2-909422-18-6 / px : 26 euros

Daniel PARROCHIA
Ontologie fantôme Essai sur l'œuvre de Patrick Modiano
ISBN : 2-909422-19-4 / px : 16 euros

Robert MISRAHI
La jouissance d'être
ISBN : 2-909422-21-6 / px : 40 euros

Robert MISRAHI
L'Être et la Joie (Perspectives synthétiques sur le spinozisme)
ISBN : 2-909422-23-2 / px : 40 euros

DŌGEN
Shôbôgenzô
- uji / (Être-Temps / Being-Time)
(Édition trilingue (japonais/français/anglais) ; traduction de Eidô Shimano Rôshi et Charles Vacher)
ISBN : 2-909422-24-0 / px : 26 euros

Françoise DASTUR
Hölderlin, le retournement natal
ISBN : 2-909422-26-7 / px : 21 euros

Jean SALEM
Démocrite, Épicure, Lucrèce. (La vérité du minuscule)
ISBN : 2-909422-27-5 / px : 26 euros

COLLECTIF
Phénoménologie et esthétique
ISBN : 2-909422-31-3 / px : 26 euros

Natalie DEPRAZ
Ecrire en phénoménologue (Une autre époque de l'écriture)
ISBN : 2-909422-32-1 / px : 26 euros

François SOLESMES
Ode à l'océan
ISBN : 2-909422-33-X / px : 31 euros

Jean SALEM
Cinq variations sur le plaisir la sagesse et la mort
ISBN : 2-909422-36-4 / px : 33 euros

DŌGEN
Shôbôgenzô
- Yui butsu yo butsu / (Seul bouddha connaît bouddha)
- Shoji / (Vie-Mort)
(Édition trilingue (japonais/français/anglais) : traduction de Eidô Shimano Rôshi et Charles Vacher)
ISBN : 2-909422-37-2 / px : 30 euros

Claude GAUDIN
Lucrèce, la lecture des choses
ISBN : 2-909422-38-0 / px : 29 euros

Olivier BARDET
Clés et ébauches de clés
ISBN : 2-909422-40-2 / px : 19 euros

François SOLESMES
Marées
ISBN 2-909422-67-4 / px : 30 euros

Marcel CONCHE
Le sens de la philosophie
2° édition revue et augmentée
ISBN 2-909422-69-0 / px : 10 euros

Marcel CONCHE
Ma vie antérieure & Le destin de solitude
2° édition revue et augmentée
ISBN 2-909422-70-4 / px : 18 euros

Gilbert ROMEYER DHERBEY
Une trace infime d'encre pâle
ISBN 2-909422-71-2 / px : 22 euros

Ouvrages au format 22 x 16,5 cm imprimés sur papier Vergé 100g
présentés sous une reliure souple « Intégra » avec tranche file
et signet bleu marine

Henri MALDINEY
Ouvrir le rien, l'art nu
ISBN : 2-909422-48-8 / px : 53 euros

Françoise DASTUR
Chair et langage. Essais sur Merleau-Ponty
ISBN : 2-909422-56-9 / px : 29 euros

F. OGEREAU
(traduction des notes par Jean-Baptiste Gourinat ; présentation par Gilbert Romeyer-Dherbey)
Essai sur le système philosophique des Stoïciens
ISBN : 2-909422-58-5 / px : 35 euros

J-M. GUYAU
La morale d'Épicure
(Préfaces de Jean-Baptiste GOURINAT et Gilbert ROMEYER DHERBEY)
ISBN 2-909422-66-6 / px : 35 euros

Ouvrages au format « de poche » 15.3 x 10,5 cm imprimés sur papier Bible 60g
présentés sous une reliure souple « Intégra » avec tranche file
et signet bleu marine

Jeux de montagnes et d'eaux,
Traduits par Jean-Pierre Diény,
ISBN 2-909422-50-x / px : 18 EUROS
COLLECTIF
Écrire, résister, précédé de N.N., de Violette MAURICE
Encres de Michel DENIS
ISBN 2-909422-55-0 / px : 17 EUROS
François CHENG
Double chant,
ISBN 2-909422-59-3 / px : 10 EUROS
François MAURIAC
Mozart et autres écrits sur la musique,
(préface de François SOLESMES)
ISBN 2-909422-60-7 / px : 11 EUROS
Françoise DASTUR
Dire le temps, esquisse d'une chrono-logie phénoménologique,
ISBN 2-909422-61-5 / px : 11 EUROS
Robert MISRAHI
La problématique du sujet aujourd'hui
ISBN 2-909422-62-3 / px : 12 EUROS
JoachimGASQUET
Cézanne
(Préface de François SOLESMES)
ISBN 2-909422-64-x / px : 12 euros
François SOLESMES
Éloge de l'arbre
ISBN 2-909422-65-8 / px : 12 euros

À paraître en septembre 2003

Dominique JANICAUD
Aristote aux Champs-Élysées
ISBN 2-909422-72-0 / px : 22 euros
Dominique JANICAUD
Les bonheurs de Sophie (poche)
ISBN 2-909422-73-9 / px : 11 euros

Jean SALEM
Une lecture frivole des Écritures
L'Essence du Christianisme de Ludwig Feuerbach
ISBN 2-909422-74-7 / px : 22 euros
POLYNOME
(Sous la direction de ROBERT MISRAHI)
Le bonheur d'entreprendre (Relié)
ISBN 2-909422-75-5 / px : 240 euros

encre marine

fougères
f. 42220 la versanne
email : encre-marine@encre-marine.com
http://www.encre-marine.com
tél : 04 77 39 62 63 fax : 04 77 39 66 45

Diffusion / Distribution
Presses Universitaires de France
6 avenue Reille
F. 75685 Paris cedex 14
http://www.puf.com
tél. : 01 58 10 31 70 fax : 01 58 10 31 82